「売る」コピー39の型

有田憲史 著
Kenji Arita

SE
SHOEISHA
Published by SHOEISHA CO.,LTD.
WWW.SOEISHA.CO.JP

はじめに

どんどん売れるコピーを書きたい人へ

この本は、次のような人たちの頼りになるようにつくりました。

●売り上げを倍増させたいが、効果的なコピーの書き方がわからない人
●コピーライターでもないのに自分でコピーを考えなくてはいけない人
●集客に悩むお店やネットショップのオーナー
●コピーも考えなくていけない営業やマーケティング担当者
●コピーライターになってまだ1、2年の人
●広告主、広告担当者
●センスに頼ってコピーを書こうとしている人

売る力のあるコピーには「型」がある

スポーツや武芸、お作法に基本の「型」があるように、コピーにも「型」がある。特に「売る力のあるコピー」には型があるようなのだ。

それを知ってからというもの、僕はそんなコピーの型を発掘し始めた。アメリカの広告人による本や、マーケティング、ブランド、心理学について書かれた本を手がかりに、法則やパターン探しを行ったのである。そしてわかったことは、ずいぶん前から売るコピーの基本形は発見され、磨かれて使い続けられているということだ。

この本では、そんな「売るコピーの型」を紹介する。

わりとよく知られたものから、基本形のバリエーションまで、今でもよく使われている型を取り上げた。

売る力のあるコピーというのは、たとえ昔から広告で使われていたテクニックであっても、いまだにお客さんに昔と変わらない反応をさせるものなのである。それはそうしたテクニックが、今でも十分通用するということを意味する。

21世紀になってもインターネット広告やネットショップ、ダイレクトメールのコピーにそんなテクニックが多用されているのは、効く証しだと言える。

型を知っている人、知らない人の差は大きい！

売るコピーの型は、確実にある。

それは誰かが発見し、実証され、バージョンアップされてきた、いわばオープンソースのようなもの。もし知らないのであればもったいないことだ。

あなたがコピーライターであっても、たまたまコピーを考えなくてはいけない立場の人だとしても、同じことだ。知っている人と知らないままでいる人との差は大きい。

僕がコピーライターになった頃、有名売れっ子コピーライターのキャッチコピー1本の料金は、100万円という噂があった。しかし、そんなお金をかけなくても、ネットショップなどのオーナーさんが自分でコピーの書き方を勉強して、その効果で100万円を稼ぐというのも現実では起こっている。学ばない手はないよね。

一方で、型にはまったコピーは退屈だとか、ありきたりなのではと抵抗を感じる人がいるかもしれない。しかし、型を知ることはコピーの上達にプラスになってもマイナスにはならないのだ。

ある歌舞伎役者が「型を知りつくして型を破ることは型破り、型も知らずに勝手に思うままにすると型なし」と言っていたが、型破りなコピー（もちろんそれは効果的な表現でないといけない）をめざす人にもまず、コピーの型をちゃんと知っておいてもらいたいと思うのは、型なしなコピーで型なしな結果にならないように、というちょっとした親心からである。

すべてを失っても、コピーライティングの知識が救う？

もしビジネスで失敗して無一文になったとしても、コピーライティングの知識があればまたやり直して稼ぐことができると言う。本当かいなと思ったものだが、コピーライティングの知識があれば、筆記道具と脳みそだけで商売を始められるのは確かだ。なにしろ元手がかからない。売る商品がなければ、誰かの商品を売る手助けをして稼げばいいことだ。

もっとも売るコピーのテクニックは、効きがイイために、インチキくさい商品、あるいは広告、スパムメールに多用されていることもあり、そこは複雑なところではある。しかし、そういう使い方では、最初は上手くいくかもしれないが、だまされたとわかったお客さんは次からは買わないものだ。ともかくコピーライティングは、使用上の注意をよく考えて正しく使ってほしい。

この本ではなるべく多くのコピーの型を紹介している。アイデアの引き出しは多いほうが良い。コピーの型を知り、それが使われているコピーにたくさん触れることで知識を増やし、実践に落とし込んでいく。その繰り返しによって腕は磨かれ、成果にも反映されていく。

また、その過程で新しい、売れるコピーの型を発見できる可能性もあるのだ。それはあなたの武器となってビジネスの役に立ち、もしあなたがコピーライターなら広告賞を取れるかどうかはちょっと約束できないが、クライアントの業績を伸ばすことに貢献し、あなたの評価を上げていくことには役に立つだろう。

この本はそのための知識を得るためのガイドとして、あるいはコピーライティングに困ったときのアイデア集やネタとして使えるようまとめた。どうかお仕事に役立ててくださいませ。

「売る」コピー
39の型

CONTENTS

第1章 「売る」コピーの型を使いこなすために

第2章

「売る」コピー39（+1）の型とアイデア

第3章 コピーライティングに使えるアイデアのタネ

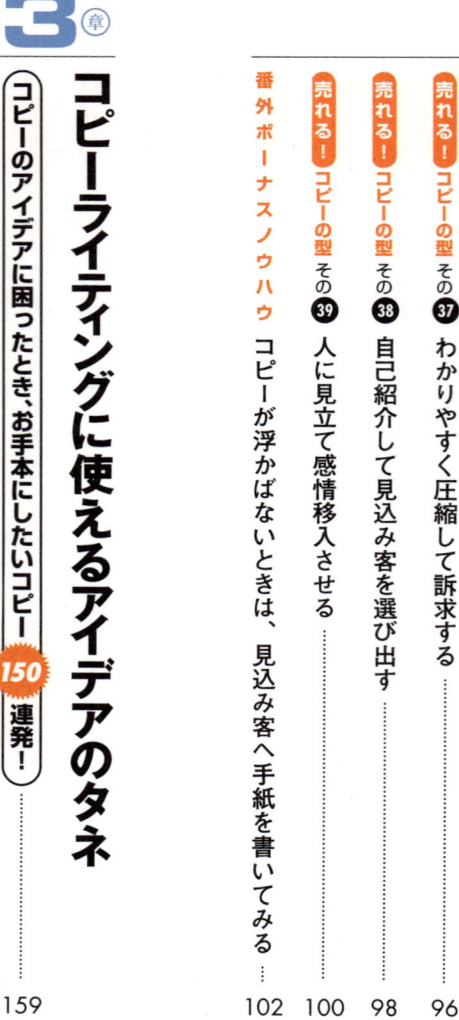

第1章

「売る」コピーの型を使いこなすために

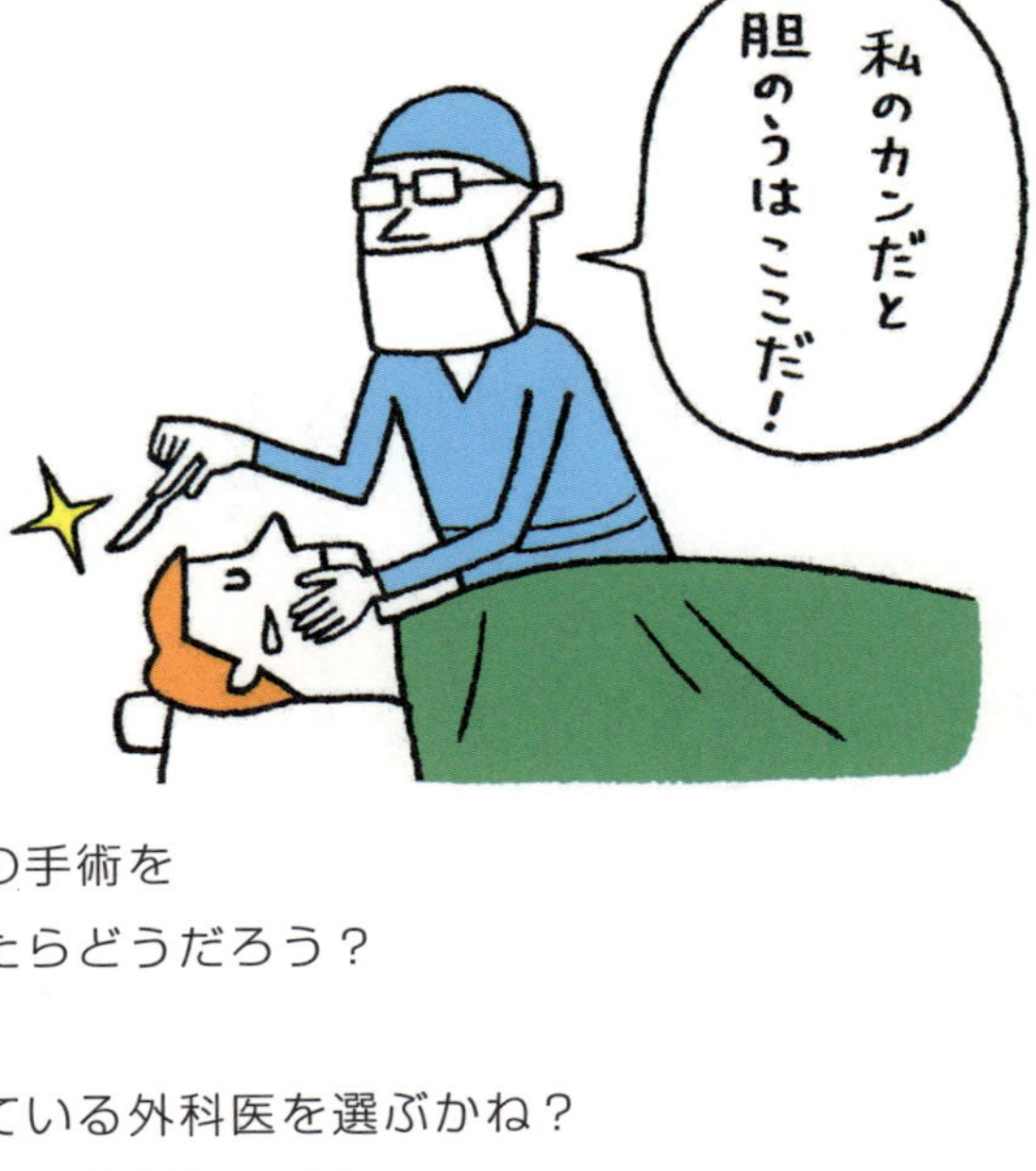

「もし、君が今晩、胆のうの手術を
受けなければならないとしたらどうだろう？
解剖学の本を読んでいて、
胆のうがどこにあるか知っている外科医を選ぶかね？
それとも、直観に頼る外科医を選ぶかね？」
（デビッド・オグルビー著『売る広告』より）

～直観に頼るコピーライターに向けて言った言葉。知識を増やしましょう！～

これだけ知っ得！ その1

売るコピーのカギは、表現のセンスより商品理解

センスは必要だが、わずかでもOK

よく広告のコピーには、センスは必要かと問われる。センスがなくてもスラスラ書けるという人もいるがそれはやや言い過ぎ。やはりセンスは必要だ。ただし、初めのうちは乏しくても、コピーをたくさん見て、何度も書いていくうちにセンスは磨かれていくので、今自信がなくても不安に思う必要はない。

それよりも大切なことがある。それは**商品を理解すること**。まだ僕が駆け出しだった頃、広告会社の社長さんにこう言われた。

「**コピーに必要なのは50%の商品知識と30%の常識と20%のクリエイティブセンスだよ**」。

センスはほんの2割でいいのだ。この点はよく誤解されていて、当時の僕もだが、コピーライター初心者などは「50%のクリエイティブと30%の常識と20%の商品知識」で考えるふしがあるから気をつけて。

見込み客の心を動かし商品が欲しくなるよう仕向ける、決定力のあるコピーは、商品を知り尽くすことでしか生まれない。広告の巨人オグルビー※も「広告では商品こそヒーロー」だと言っている。センスの仕事はヒーローを助けることなのだ。

コピーは商品と見込み客にかける橋

商品を知ることはわかった。センスに自信がなくてもなんとかなる。でも、どのように発想していいかわからないとい

知っ得ポイント

必要なのは50%の商品知識と30%の常識と20%のクリエイティブ

う人もいるはずだ。そもそもコピーの役割は何だろうか。これにはいろいろな答えがあると思うが、20ページでも紹介する、ユージン・シュワルツの言葉を借りるとこうだ。

「ヘッドライン（キャッチコピー）は、君がめざす買い手と君の商品との間にかける橋である」

商品と見込み客の間には無関心という暗くて深い空間がある。そこへコピーが橋となって両者を結ぶのだ。**橋を渡るのは商品価値というメッセージ**、それが見込み客の中に必要性や欲求を芽生えさせる。メッセージはいろいろな方法で見込み客へ届く。ここで初めて届け方、つまり表現のアプローチが求められるのだ。

アプローチによって、橋はいまにも崩れそうな橋にも、ゆるぎない高速ハイウェイにもなる。売るコピーに求められるのはもちろん後者。商品情報を価値へと変換し、スピーディに届ける橋なのだ。

本書で紹介する39通りのコピーの型は、いわば高速ハイウェイのようなアプローチである。だから、まずは型から表現を発想する練習をしてほしい。そのうちコピーの神様があなたの頭上に降りてくるはずだ。

覚えておこう!

- **コピーを考える上で一番大切なのは、商品を知り尽くすこと。センスは後からついてくるので、はじめのうちはゼロでも心配なし。**
- **商品をよく知った上で、コピーの型をベースに表現のアプローチを発想していくことで上達する。**

plus one

※デビッド・オグルビー

「現在広告の父」といわれる20世紀の3大広告人のうちの一人。著書『ある広告人の告白』と『売る広告』は経営から広告にかかわる必読の書。前者はやっと復刻されたが、後者は絶版のまま。僕はギャラと引き換えに知り合いの会社でコピーをとって手に入れた。

これだけ知っ得！ その2

「売る」コピーには型がある！

たとえばこんな型がある！

世の中で使われている型の例。最も使える「型」は24P以降で、39個に絞って解説します。

- **商品を使うことで手に入れることのできるメリットを言う。あるいはメリットを具体的なシーン**（日常の断片など）**で語る。**
- **商品がないことで被るデメリットを言う。あるいはデメリットを具体的なシーン**（日常の断片など、あるときは大げさに）**で語る。**
- **「軽さで選んでいますか」等、商品を選ぶポイント**（＝その商品の特長）**を言う。**
- **「口臭は自分で気付かない」等、商品が必要であることに気付かせる。**
- **「働くお母さんへ」等、広告を読んでもらいたい対象者をコピーに入れる。**
- **「20代の薄毛が気になる男性のために」等、商品を買ってもらいたい対象者のプロフィールを盛り込む。**
- **「ケータイの真価は災害時に問われる」等、広告主でなく第三者の視点で主張する。**

人の心理につけこむ

売るコピーには「型」がある。どのような型があるのか、ちょっと挙げてみた。この他にも**「～になる方法」「無料」「なんと！」「ラストチャンス」「限定」という言葉とか、セックスを思わせる表現を**使うとか、いろいろある。効果が薄くなったものもあるが、**人を動かす言葉は昔から変わらない。**いつの時代も人間の悩みは、**不満、不安、不便の「不」を解消したがり、改良、改善の「改」や、快感、快適のように「快」を欲している。**売るコピーはそんな心理につけこむのだ。

- 「子どもの歯は親の責任」「ブドウ糖は脳の唯一の栄養」等、共感が得やすい、当たり前のことや事実、真理を言う。
- 「たった3日間で」「なんと10回も」「50倍も」等、大きさや速さ、規模を強調する。
- 「クリスマスまで彼氏ができるダイエット」等、約束（効能、効果）を織り込む。
- 「要するに～」「言ってみれば～」と比ゆを使ってわかりやすく言う。（商品イメージとギャップが離れた表現であればあるほど好奇心を刺激する場合も）
- 「サルでもわかる～」「プロが使っている～」等、特長のレベルを例を出して示す。
- 「もうワンセグケータイを買った人は読まないで下さい」等、見込み客に優越感を持たせる。
- 「実はチョコは脳の栄養食」等、従来とは違う使い方や価値、新しい情報を伝える。
- 「気付きにくい仮面高血圧にご注意」等、役立つ知識を盛り込む。
- 「プロが選んだ～」「プロが開発に協力した～」等、専門家や権威を利用する。
- 「これなら、手抜きだって言われない」等、モニターの声やインタビューで拾ったユーザーの声を利用する。
- 「クルマではない、走るオーディオルームだ」等、商品のコンセプトを伝える。
- 「世界最遅のクルマ」等、常識を覆して興味を持たせる。
- ニュース形式で書いたり、「ニュースです！」と入れる。
- 「新登場」「新しい！」など新しさをイメージする表現を入れる。
- 「～になるとは思いませんでした」など証言的なスタイルで言う。
- 「どうして～」「なぜ～」など質問形式で言う。
- 不特定多数向けでも「あなたへ」という言葉を入れて特定の人に言っているよう伝える。
- 「お金をかけないでやってみたいと思いませんか」等、メッセージを疑問形で言う。
- 「70％の人が～」「10日間で～」など数値を入れる。
- 流行した現象や言葉を入れたり、もじって表現する。（期間限定で）
- シワ、加齢臭等、商品が解決する問題や悩みの言葉を入れる。

これだけ知っ得！ その3

コピーはマイナスの状態から考える

届けたい相手は、いつもうわの空

不思議なことだが、**広告主は自分たちの広告は必ず見られる、したがってコピーも最後まで読んでもらえるものと考えているふしがある。**

しかしあなた自身のことを振り返ってみよう。広告なんて真剣に見るだろうか？　大体において、あなたは自分に関係ないこと（あるいはそう思っていること）について関心は薄いはずだし、何か関心はあってもすぐ忘れていたりする。

何かしら問題を抱えて解決したいと思っていることがあっても、最優先事項でもない限りなかなか思い出せない。おまけにみんな忙しい。暇な人さえなぜか忙しいと口にする。

あなたはそういう人たちにコピーを読ませなくてはいけないのである。

つまり、**読まれない、信用されない、読んでも行動しない**。このことを前提としてコピーを考えなくてはいけないのだ。それはもう急ぎ足で駆け抜ける人を呼びとめ、自分の店に連れて行くやり手の客引きのように。

あなたが相手にするのはウォンツやニーズもない、あるいは気付かない、うわの空の人たちである。

あなたが反応する言葉は他人も反応するかも

よく言われるのが、**広告はマイナスの位置から考えること**。

なにせ**別に商品を欲しいと思っていない人に向けて、ぼんやりとした商品価値**

知っ得ポイント

コピーは読まれない、信じてもらえない、行動しないを前提に

のイメージを、焦点を絞るようにくっきりさせ、必要性に気付かせたり欲望をかきたてなくてはいけないのだ。

いわばマイナスの状態からのスタート。商品を自画自賛しても、人は動いてくれない。

それでは人はどんな表現に心動かされたり、アクションを起こしたりするのだろう?

それを簡単に知る方法がある。コピーの練習にもなるので、ぜひやってもらいたいのだが、**あなたが思わず買いたくなった、興味を持った、クリックしてしまったコピー（テレビCM、新聞や雑誌広告のコピーや記事、雑誌の中吊り広告の見出し、看板やポスター広告、店頭POP、ネット広告、ネットニュース※の見出し）を1日ひとつでもいいからノートや手帳などに記録しておく**。

そして、反応した言葉や表現に印をつけておく。それを眺めていると気になった言葉に共通するものが見えてくる。

あなたがよほど変わり者でもない限り、他の人も同じように反応する可能性が高い。そこから人を動かす言葉や表現が見えてくるのだ。

覚えておこう!

●広告のアイデアやコピーを考える際は、見込み客は商品を欲しくない、広告は見てくれないというマイナスの状態を想定。いかに関心を引くかが最初のステップだ。

plus one

※グーグルニュースを利用しよう

Googleのニュースページでは、ひとつのニュースに各媒体からの見出しが3つほどあってそれぞれ表現が違う。
2008年3月5日のニュースでは、（1）オセロ中島ら、乳がん撲滅へひと肌脱いだ（2）オセロ・中島の魔よけヌード （3）オセロ・中島が“手ブラ”ヌードを披露 という見出しが並んでいた。
あなたが思わずクリックしそうな見出しはどれ? どの表現に反応したか? それらをチェックして、人を動かすコトバを探ろう!

これだけ知っ得！
その4

「売る」コピーにするには使いどころを正しく！

「型」を使う前に知っておきたいこと

前ページで20個以上のコピーの型を並べたが、これをコピペして、カンニングペーパーのように使おうと思っている人へ。

残念ながらこれらの型は、そのまま使ってもあまり効果は期待できない。スポーツと同じで、使いどころで使ってこそなのである。スポーツでいえば戦術というのだろうが、**コピーライティングの場合は、商品認知度や市場の状況、見込み客の欲望といった商品をとりまく環境を踏まえることが大事**である。

コピーの型に見られる表現のテクニックは、商品の環境とシンクロしてこそ効果的なのだ。

たとえば「無料」という言葉。広告における「無料」の表現は効果的だと昔から言われてきた。確かに無料は魅力的だが、それは無料のありがたさがあってこそ。**ただでも欲しくないものが無料でも、人の心はピクリとも動かない。**

こんなことがあった。あるキャンペーンのプレゼントに、クライアントがブックカバーの無料進呈を言い出した。それはもらってうれしいものか？　いやいや、たぶん欲しがる人はほとんどいない。別にデザインや材質が特別いいわけでもない、ただの紙のブックカバーだったのだ。もし無料だから欲しがると本気で思っていたなら、それは想像力の欠如というしかない。そのクライアントも後で冷静に考えたのだろう、結局その案は採用されなかったから良かったけど。これは極端な例だが、テクニックは使いどころで使うことで力を発揮できる。

先に挙げたコピーの型は、いわばテクニックのひな形である。それは商品の売り方や状況に応じた戦術とマッチしてこそ効果的だということを知ってほしい。

これについては、※ユージン・M・シュワルツという通販で活躍したアメリカのコピーライターが『市場の壁を打ち破るプロ広告作法』の中で、商品認知度に合ったコピーライティング方法を紹介しているので参考にしてもらいたい（図を参照）。

見込み客の商品認知度によって コピーの表現を変えよう！

商品のライフサイクルや認知度も、見込客の欲求や必要性も常に変わるもの。
つまりコピーのアプローチも表現も変える必要性がある。
認知度に合わないコピーだと、せっかくのテクニックも効果なし！

商品認知度（高 ↔ 低）

商品認知度とコピーのアプローチ・ポイント ／ **例：キシリトール入りガム**

第1段階

見込み客は商品のことを良く知っているし、欲しいと思っている

→ **割引価格と商品名を入れる**

商品名と価格（割引）、それに無料プレゼントなど
お得なサービスがあることを訴求。
（ディスカウントショップで見るような表現）

例：キシリトール入りガムが50%オフ！

第2段階

見込み客は商品のことを少し知っているが、まだ欲しいと思っていない

→ **満足するイメージを鮮明にする、強調する**

商品の特徴を強調、優れていることを客観的事実で示す、
欲求をどう満たすか、あるいはいつどこで満足させるか
そのイメージを鮮明にあるいは強調する。

例：「選ぶならキシリトール100%！」「キシリトール30%増量！」「歯科医がNo1.に選んだキシリトールガム」

第3段階

見込み客は商品の機能は必要としているが、あなたの商品のことは知らない

→ **ぼんやりとした欲求をくっきりさせる**

新商品を紹介するように、潜在的な欲求（問題）を指摘し、
その解決方法を鮮明に示して欲求を強める。

例：「毎日噛むなら、キシリトール入りを」

第4段階

見込み客は商品の必要性は感じているが、あなたの商品がその必要性を満たすことに気付いていない

→ **必要性と解決策を示す**

問題の解決を約束するような表現で、
商品が欲求を満たすことを伝える。

例：「歯を丈夫にしたい人のためのガムです」

ほとんどの商品が、第2段階～第4段階に集中している（つまり競争が激しい）。

第5段階

見込み客は商品を全然知らない、欲しいとも思わないし、必要性も感じていない

→ **関心や欲求を持たせる**

商品名や機能、メリットには触れず、見込み客を
呼び集めること（市場をつくること）に徹する。
不満や感情を指摘し欲求や関心を起こさせる。

例：「虫歯予防？キシリトール？」「キシリトールって？」

参考：ユージン・M・シュワルツによる5段階の商品認知度とヘッドライン（キャッチコピー）の作成方法

これだけ知っ得！ その5

商品を知るには、丸裸にすること

機能、働きすべて抽出する

14ページで、コピーで大切なのは商品を知り尽くすことと書いた。具体的にはどうすればいいのか。

よくやるのが**商品を実際に使ったり体験すること。商品カタログや説明書ではイメージや実感しづらかったことがクリアになるので説得力ある表現やアイデアが浮かびやすい。**

しかし商品特性や時間などの制約で体験できないことは多い。その場合は、担当者への取材や商品資料を通して、**商品の特長、機能、働きをすべて抽出する。**

機能、ブランド、価格、品質、大きさ、素材、形、そしてそれらが**どんな見込み客の必要性や欲求と結び付くのかを考え、書き出す。**さらに**どのようなメリットを与えるか、どんな満足を感じさせるかも書き出す。**言ってみれば**商品のカルテを作る**のだ。

そうすることで商品の価値（不便、不満の「不」の解消や改善や快適の実現など）が見えてくる。前項で書いたように商品の認知度によってアプローチは変わるし、見込み客のプロフィールやトレンド、さらに媒体や広告の目的によっても表現の内容は変わる。

それだけに商品を丸裸にして知り尽くすことは重要。それができて初めて売るコピーが生まれる。

最初は商品分析から！

❶ 商品の特徴をすべて書き出す。

例）デジカメ

- ●自動的に人の顔にピントを合わせる
- ●起動時間は高速0.3秒
- ●高級レンズを採用　etc

❷ その特徴には、どのようなメリットがあるか書き出す。

例）自動的に人の顔にピントを合わせる

- ●手動でやるよりキレイに撮れる
- ●ピンボケで失敗しないですむ

etc

❸ メリットの中から、もっとも効果的なことを選び、コピーをを考える。

コピー例）

- ●「顔がきちんと撮れると、写真は楽しい」
- ●「そのデジカメ、顔がきれいに撮れる機能ついてます?」

競合商品にはない特長、
競合商品にもあるがより優れている特長、
競合商品が言っていない優れたこと……
を選び、アプローチを考える。

第2章

売るコピー39（+1）の型とアイデア

どんな時代にも広告に携わる人たちは、
「既にやりつくしてしまったかに見える宣伝方法」を、
さらに奥深く掘ったり、ひっくり返したり、
拡大してみたり、ネガとポジを反転させたり、
とにかく一生懸命になって
新しくおもしろくするための努力を積み重ねてきた。
（糸井重里著『ほぼ日刊イトイ新聞の本』より）

～アイデアのタネをたくさん覚えて、あなたの手で改良したり、
新しい表現をつくって効果的なコピーを生み出してください！～

売れる!

コピーの型

その1

不快、不満など「不」の状況に焦点を当てる

通販番組の説得術のように

よく保険のCMや通販番組のトークで、「**そこで、この○○○です!**」なんてキメの表現を聞く。そのフレーズの前段では、さんざん「〜で悩んでいませんか」とか「〜したいと感じませんか」と**消費者の不安をあおったり願望を呼び起こしたりして**、共感を得ようとしていることに気付いていただろうか。

ビジネスとは、不安、不快、不満、不便といった「不」を埋めることであると言うが、「不」をクローズアップしてアプローチするのは説得力があるものだ。

相手の心を不安でかき乱し、問題の解決を求めたいという気持ちを高めるだけ高めて、「そこで、この○○○です!」と解決策を提示して、クロージング(契約)に持っていこうとするこの流れ。

どうやらキモは「そこで〜」らしい。これがあるとないとではぜんぜん違うのだ。「そこで、この○○○」があると、だいたい逃げられない。そのCMなり広告なりを見た人間は、少なくともその時間、解決策を言われるがままに受け入れざるを得なくなるのだから。

そんなことを考えながらハタと気付く。

なんだ、これはコピーライティングと同じ考え方じゃないか、使えるじゃないかと。それではセンス云々に左右されないで、簡単にコピーをつくる方法を考えてみようか。

お手本コピー

車内で眠るだけじゃ肌あれは治らない。

(タケダ)

解決策+問題ー解決策=?

お手本コピーだが、最後に「そこで、

○○○（商品名）」という受けのフレーズをくっつけるとしっくりくる「そこで〜」が似合うタイプである。こんな風にくっつけてみるとよくわかる。

車内で眠るだけじゃ
肌あれは治らない。
そこで、ハイシーBメイト2。

どうでしょうか、問題とその解決策を示すという基本形だ。

そう考えると、まず「そこで、○○○」という受けのフレーズから、コピーを発想するという方法も考えられる。お手本コピーを例に考えてみよう。

①はじめに、「そこで、○○○（商品名や商品の働き）」のみを書いてみる。

そこで、ハイシーBメイト2。

②次に投げかけのフレーズを考える。

「そこで、○○○」に合う内容で、不安、不快、不満、不便など「不」に感じることを考えてみる。願望でもいい。

車内で眠るだけじゃ
肌あれは治らない。（↓不に感じること）
そこで、ハイシーBメイト2。（↓不を埋める解決法）

③しっくりくると思ったら、「そこで、○○○」の部分を削除する。

車内で眠るだけじゃ
肌あれは治らない。
~~そこで、ハイシーBメイト2。~~（↓削除）

このままでも悪くはないが、最後に「そこで、○○○」のセンテンスを削除すると**メッセージに活気が出てくる**というか、ビシッとコピーがしまってくる。

ネット広告など文字数に制限があるとか広告スペースが小さい場合、問題を示すだけのほうがクリックを促したり、次のコピーを読ませることに効果的だ。

実践ポイント

- **まず「そこで○○○（商品名や商品の働きなど）」と解決策から組み立てる。**
- **解決策に合う状況（商品やその働きがないことで被る困った状況や願望）をそこに加えて、問題と解決策を示す。**
- **「そこで〜」の解決策を示すセンテンスを削る。**

売れる!

コピーの型

その**2**

それはいつか？具体的な数字で約束する

それはマニフェストなコピー

　いつのまにか注目されなくなったマニフェスト。選挙のときに候補者が出す声明である。どんな施策をいつまでに、どのくらい達成するかなど具体的な目標を入れた約束である。

　こういうスタイルは広告でもよく見られる。たとえば以前、薬局の前を通りかかったときに見たコピー。紙の短冊に書かれていたのは、

口臭3日　体臭6日

まるで昔のハードボイルド小説のような乾いた文体だが、**問題とその解決にかかる時間をはっきり示している。**

　何でもかんでもスピーディが求められる時代、すぐに結果が出ないと責任者の首がすぐに飛ぶ。ビジネス、スポーツ、ファストフード店の待ち時間……ますます僕たちは我慢ができなくなってきている。

　だから、先の見えない努力はモチベーションが保てない。いつまでに達成するという約束がないと辛いのだ。

　口臭の悩みを解決しますだけではまだ心は動かない。別に珍しくないからだ。しかし**3日で解決するかもしれないという期限を約束されると違ってくる**のでは？

　目標がはっきりすれば、僕らは耐えることができるのだ。広告にもマニフェストを！

お手本コピー

2週間で、いい予感。

（大正製薬）

ゴールを見せることで、人はがんばれる

　お手本コピーは、**数値を入れて具体的な約束を示しているる**ということで、マニ

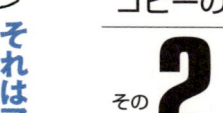

フェストなコピー（と名付けてみました）である。

商品は〈コレスケア〉というコレステロール値を改善する特定保険用食品（いわゆるトクホと呼ばれるカテゴリーなので、保険の用途・効果を言うことができるが、健康食品だと薬事法によって厳しく※広告表現が規制されるのでご注意を）。

このコピーは「**口臭3日　体臭6日**」のように問題は示されていないが、いつ解決するかという期間が具体的な数字で示されている。そうなるとゴールがはっきり見えてきませんか？　それが実現可能なゴールであれば**心理的なハードルは低くなり、試してみようという気持ちも起きやすくなる**。

実際に、このCMを見た僕は感情のスイッチを押されたものだ。コレステロール値が気になっていたし、なにより2週間というなんとかチャレンジしても挫折しない期間に反応したのだ。

後日薬局まで〈コレスケア〉を見に行った、つまりしっかり集客されたのだ。この時点で、私はこのキャッチによるマーケティングにはまってしまっていたのである。仮に「**毎日飲んで、いい予感。**」なんてコピーだったら、動かなかっただろう。この2週間という数値が効いたのだ。

本やメルマガのタイトルでも、こうした表現は最近増えている。「5分間で変わる〜」「1日10分で〜」「3分で読める〜」などの表現をよく目にする。いずれも**具体的な数値を出すことで、ゴールを明確にして興味を引きやすくしている**わけだ。しかもその数値は、簡単にクリアできる数値である。

忙しいなかで、できるならラクしたいというのが人の情である。そこを数値でくすぐることで、心をつかむ。それがマニフェストなコピーのキモである。

時間がかかるというのも不満や不便のひとつ。その「不」を取り除くのだから、価値が出てくるのである。

plus one

※薬事法と広告

健康器具、健康食品、化粧品の広告を手がけるときは薬事法に触れないかよくチェックしよう。かなり表現が規制されるのでコピーやデザインにはとても頭を悩ます。「〜に効く」とか「〜が治る」という医薬品しか言えない表現はダメ、「ひざ関節に〜」など体の部位を示すのもダメ。東京都福祉保険局のWEBサイトに不適表示の事例が掲載されているので、ご参考に。
http://www.fukushihoken.metro.tokyo.jp/kenkou/iyaku/sonota/koukoku/jirei/

実践ポイント

- **時間がかからない、わずかな時間で、など時間のアドバンテージに焦点を当てて、問題解決までのイメージを明確にする。**
- **コピーの中では問題と解決にかかる時間（いつまでに解決できるか）を示す。**

売れる!
コピーの型

その3 新しい使い方を提案する

まさに二兎を追うもの一兎をも得ず

広告は数百万人の目にさらされるが、関心を引くべき相手はその一部にすぎない。**数百万人すべてが広告を見て、**その商品が自分の関心に合うかどうかを**検討してくれるなどと考えてはいけない**と約100年前（!）に活躍したアメリカのコピーライター、※クロード・C・ホプキンスは自著の中で語っている。

言われてみるとわかるよね。あなたがタバコを吸わないのなら、タバコの広告は素通りするでしょう? (広告自体が好きなら別だが)

裏返せば、広告のアイデアを考えるとき、その商品を使ってほしい人のことのみを考える。それ以外の人は無視してもいいのだ。サッカーの強豪クラブチームのように、たくさんのタイトルを欲しがってはいけない。二兎を追うもの何とやらというじゃない。

お手本コピー

母だけで楽しむ「母の日」を、予約します。

（ANA）

お手本コピーだが、母の日向けの特別な商品の広告? さにあらず、広告を見る限り母親ならではの特典があるわけではない。関係があるとすれば、この商品の利用期間中に5月の「母の日」があるだけ。別に母の日や母親限定という条件はない。

だが、コピーはまるで母の日向けの商品のようだ。なぜだろうか? それは**商品の新しい使い方を提案している**からだ。この商品の見込み客は母親、もしくは母に贈り物をプレゼントしたいその子どもたちなのだ。

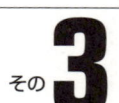

言われなきゃ買う理由に気付かない

この商品は「超割」というお得感のある商品だ。しかし、単にお得であることを伝えても誰に向けて言っているのかわからないと、一番売りたい見込み客に見過ごされてしまう。

そこで、母親自身が自分のために楽しむ「母の日」という提案をしているのである。見込み客に、この機会にこういう利用法はいかが？　と、この商品の使い方の提案をしている。つまり、**欲しくなる理由に気付かせたい**んだね。

「母の日」の広告といえば、母へプレゼントをする子ども側に向けたものが多いが、この広告では、母親自身に向けて、「母の日」だから自分にごほうびということで楽しんではいかがと伝えているのである。旅を楽しむ3人の母親のイラストが添えられているので明確に伝わる。もちろん母の日のプレゼントとして、子供から贈ってもいい。

お得な商品の場合、「安い」というメリットを強調してしまいがちだが、それより「安くなるからこういう使い方はいかがですか」と**具体的なオススメプランを提案して、必要性を感じさせる**ことがポイントである。

僕らは何か提案してもらわないと必要性を感じない。買う理由に気付かないものだ。しかし商品の使い方を提案されれば急に手に入れたくなる。このスイッチを押すためのアイデアがカギだ。「誰に」買ってもらえるよう仕向けるかで、広告の表現は変わるのだ。

plus one

※クロード・C・ホプキンス（1867−1932）

新しいアイデアでさまざまな広告キャンペーンを成功させた、アメリカのコピーライター。テストマーケティングやコピーの手法を考え出しリサーチを重ね、多くのなる効果的な法則を見つけた。広告の巨人デビッド・オグルビーは『広告マーケティング21の原則』（翔泳社）の序文に「この本を7回読み終えるまで、誰も広告に関係することを許されるべきでない」と称している。あと4回読まなくちゃ!

実践ポイント

- **広告を誰に向けて伝えるか決まったら、その人のみに向けたメッセージを考える。対象にフォーカスしよう。**
- **商品の使い方を提案することで、買う理由に気付かせる。**

売れる！

コピーの型

その4 迂回して間接的にアプローチする

武田信玄の使ったテクニック

キツツキという鳥がいるが、なぜ木をつつくかというと、つつくことで、その音に驚いた虫が木から出てくる。その虫を食べるためであるらしい。そこから名づけられた「キツツキ戦法」という戦い方がある。

それは戦国時代、上杉謙信と武田信玄※が戦った〈川中島の戦い〉の四回目（1561年）に実施された。

お互い川中島付近に陣を張ったものの、こう着状態が続く。そこで、武田軍は上杉軍が陣を張る妻女山を、別働隊を迂回させて襲わせる作戦に出る。上杉軍が、あわてて山を降りて八幡原に出てきたところを、待ち伏せしていた武田軍本隊が挟み撃ちにするという計画。これが武田信玄の「キツツキ戦法」である。武田軍がキツツキで、上杉軍が虫。上杉軍が陣を敷いた妻女山が木である。こういうアプローチは、コピーにもある。ということで、お手本コピーを見てみよう。

お手本コピー

あなたの彼は、セクシーですか？

（ワコール）

商品は普通の男性下着でなく、ローライズありハイレグありとセクシーなラインナップ。ところで、この商品はメンズ下着だから、当然訴求したいのは男性に対してであるはずだが、読んでおわかりのように、この広告のメッセージは女性に向けている。

直接、男性に訴求せずに、わざわざ**迂回して彼らの彼女、妻たちに訴求する**作戦というわけだ。まさに「キツツキ戦法」のようである。

男を射たいなら妻や彼女を

オシャレな男性はともかく、下着にこだわる男性はたぶんまだ少ないと思う。しかもブランドは女性下着メーカーというイメージが強い、ワコールである。シャイな男たちは違和感を覚えるかもしれないし、そうでなくてもセクシーな下着そのものに抵抗感を覚えるのではないだろうか。つまり心理的なハードルが高いのだ。

しかし、自分の彼女や妻から「似合うかもよ」とすすめられればどうだろう。一番信頼している人物からの意見である。心理のハードルは低くなる。

「そんなに君が言うのなら試しに……」とラブラブな状態ならば一発で履いてしまうだろう。「きゃー、かっこいい！」とか「せくすぃ～」と言われた日には、ビキニを履いて赤面しながらも悪くないと喜んでいる自分がいるかもしれない。

かくも、彼女や妻という一番**信頼のおける第三者の意見の影響力は偉大**なのである。

女性だって、自分の彼や夫には、セクシーとまでは言わないまでも、なるべくカッコよくあってほしいものだろう。狙いはそれなのだ。**直接言わずに彼女や妻に働きかけたほうが効く**。それをふまえて、わざわざ迂回したのだろう。

これは住宅やクルマだとよく使うアプローチである。住宅やクルマのように恋人や妻の意見が大きくものを言う商品だと、彼女たちを口説き落とすほうがセールス面で効果的といわれ、決め手は奥さまだったという話はよく聞く。

昔から、〝人を射んとせば先ず馬を射よ〟という。武者を射とめるには、その人が乗っている馬を射よということだ。この場合、男性客の乗っている馬は彼女や奥様ということだね。

plus one

※武田信玄のスローガン

武田信玄といえば「風林火山」である。武田軍の軍旗に書かれてあるこのスローガンは、有名な古代中国の兵法書「孫子」からの引用である。「孫子」は今でもビジネス戦略のテキストとして読まれている。今でも通用する普遍的なことがたくさん書かれてあるので、僕もやさしく解説した孫子を読んでみたが、広告やコピー、マーケティングのプランに役に立ったということはまだない。でも、読んで損はないと思うよ。

実践ポイント

- **商品の見込み客が信頼する第三者（親、子、彼氏・彼女など）へ訴求して、その人が見込み客へ働きかけるのを期待する。**
- **売り込みでなく、擬似的な口コミのような状況なので見込み客の心理的ハードルは下がってくる。**

売れる!

コピーの型

その5 空気とタイミングを生かす

それは、財布のヒモがゆるむとき

ニーズというのは、ふだんミミズのように地中深く潜っている。つまり潜在化している状態である。しかし、何かの拍子にニーズが活発に動き出し、地上へと進み出すことがある。その原因はいろいろあるが、**「タイミング」と「空気」という要素は重要**である。

たとえばクリスマスを考えるとわかりやすい。購買意欲をそそる空気、新しい商品があふれかえっている。正月休み、冬休みなどで気持ちもオフモードで浮かれてしまう。懐も温かい。僕らのマインドは通常のそれとは明らかに違う。ちょっとしたささやきで財布のヒモはゆるむ。この空気のせいである。

こんな状態になるタイミングを狙わないでどうする。あなたの商品にとって絶好のタイミングはどこだろう? お手本コピーは〈新アリナミンA〉の広告だ。

お手本コピー

連休明けの一週間は、とてつもなく長い。

（タケダ）

僕が覚えている限り、新アリナミンの広告は連休明けとか夏休み前とか長い休日の前後に見ることが多い。なぜだろうと考えてみればその理由はすぐに思いつく。休み前、休み後の心理状態や体のコンディションを考えると、**商品のニーズが高まるタイミング**だからである。

このコピーも連休明けの初日にしか成立しない、狙ったメッセージ。休み明けの〝ああダルイ、仕事に気が乗らない〟〝次の週末が待ち遠しい〟という心理をコピーで表現。「まったくそのとおり」と共感させ、マインドをつかむ。

「これからの一週間はしんどいですよ、

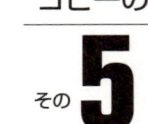

さぁどう乗り切りますか?」と問いかけていながら、**乗り切り方（商品）も提案**。すなわち、このしんどい一週間は、新アリナミンAで乗り切りましょうと、広告の悪魔がささやくのだ。

そうすることで商品を買ってもらうキッカケを作っているのだ。

潜在的なニーズ（必要性）を、ウォンツ（欲求）に変える。人はニーズだけでは動かない。**ウォンツが起きることで、はじめてアクションを起こす**もの。

店頭での販促と連動させたい

この広告はいわば、アクションを起こさせる引き金の役目を果たしている。

ビタミン剤を買って、この一週間を乗り切るぞという気にさせるコピーなのである。仕事帰りにドラッグストアに立ち寄らせ、新アリナミンAを買ってもらう。それが狙いとみた。

問題はその後。ビタミン剤を買いに店に行くまではうまくいくかもしれないが、棚にはさまざまなビタミン剤、サプリメントが並ぶ。そこで消費心理に浮気の虫。同じビタミンなら、ネイチャーメイドでもいいか。こっちのほうが安い、なんてこともあるかもしれない。

選んでもらうためには店頭での販促も重要だ。競合の多い商品の場合、浮気性の消費者に買ってもらうには、いろんなハードルを越えなければいけない。

この新アリナミンAの場合、店頭ではサプリメントとの違いを出すため、たとえば医薬品というアドバンテージ（効果・効能など）を訴求したりすることもアイデアのひとつだろう。

広告のみで終わらず、同じアプローチで店頭においても販促ツールと連動させると、効果が期待できる。

実践ポイント

- **●商品の必要性が顕在化するタイミングを考える。たとえば地震のニュースが多い時期の防災関連商品や耐震住宅のように。**
- **●発生するニーズ（問題や要望など）に応えられる解決策が商品であることを伝える。（コピーの型その1の手法を使うなど）**

売れる! コピーの型

その6 ネガティブな事実を突きつける

それはあなたへの警告かも

電車の中でつり革につかまっていたら、こんなコピーが目に入った。

> **つり革をつかむあなたのワキの下には時々女性の顔がある。**
> （ライオン）

ぎょっとして思わず両隣と前方を見たが、女性はおらずホッとしたものだ。広告というのは時として、まるでマナー向上委員会のアドバイザーのようなことを言う。それにしてもこのデオドラント商品のコピー、車内広告という環境をよく考えた表現である。車内でのシチュエーションのイメージをくっきりと明確にしているので、伝わるスピードが速いのだ。

このように**ネガティブな事実に気付かせる**というのはよくコピーでも見られる。つまり商品がないことによるデメリットに気付かせて、**解決策としての商品に誘導**したいのである。

お手本コピー

皮脂汗のニオイは、他人の方が気づきやすい。
（ライオンＢａｎ）

このお手本コピーも車内広告（ステッカー）で見た。デオドラント商品ということで、きっと人の密度が高い、電車の中という環境条件を考えて、こういうメッセージにしたんだと思う。満員電車というシチュエーションは、潜在的な不安を顕在化させるのに十分なのである。

皮脂汗というのは、同商品のサイトによると、たんぱく質や脂質といったニオイのもとになる成分を多く含む汗のこと。非常に臭いやすい汗とか。

ところで同じ「ニオイ」でも「匂い」と表すか「臭い」と表すか

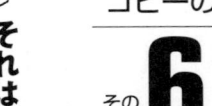

でずいぶん印象が違うものだ。バラは「臭い」でなく、「匂い」、香りだからだね。下水とかガスは「匂い」でなく「臭い」の方だね。さて話を戻す。

第三者のフリをして語りかける

このようにネガティブな客観的事実を伝えるという表現はよく使われる。**第三者からの意見のような伝え方をして、商品の必要性を高めさせる**んだね。さらに汗でなく皮脂汗という具体的な事実、あるいは言葉も競合商品との違いを知らしめる点でプラスに働くのではないだろうか。（もし他の商品が皮脂汗にフォーカスした訴求をしていない場合）それに皮脂汗という**新しく登場する言葉は興味を引きやすい**。人は新しい知識を（それが自分に関係あるものであれば）知りたがるものだ。そうでしょう?

商品を使わないことで被るデメリットを、ネガティブな事実を突きつけて伝える、という方法はいろいろ応用できるから覚えておくといい。

たとえば冒頭のデオドラント商品の車内広告には他にいくつか違うコピーがある。

> 汗クサいならなおさら人によりかかって寝る権利はない。

> 忘れるな。合コンはシャワーを浴びて約十時間後。

これは「新社会人　汗とニオイの心得書」というシリーズ広告らしいが、ここでも「誰に」向けてのメッセージかがきちんとフォーカスされていて、電車の中という広告のある「環境や状況」をふまえているから、他人事とは思えないメッセージになる。

実践ポイント

- **商品が解決策として必要になる問題点を事実として伝える。**
- **まるで第三者が警告するかのように語りかけ、想像しやすいよう具体的にイメージが鮮明になるよう表現する。**

売れる!
コピーの型

その7 見込み客の気持ちで語る

なぜ、その商品を買ったのか、どこに満足しているのかなど消費者の本音を把握していると、効きのいいコピーが作りやすいんだけどね。

※**正しい答えは、正しい質問から**なんて言うけど大切なことなんだ。

お手本コピーは不動産情報サイトのもの。さて「誰」に向けて言っているのか。それは賃貸住宅で暮らしている人だね。

では「何」を言いたいのか。それはこのまま賃貸で暮らすことが長い目で見ていいことなのか（つまりマイホームを持つほうが良い）ということ。賃貸暮らしのお客さんに、家を買う気にさせたい。

お手本コピー

このまま11万の家賃を払い続けても後には何~にも残らない、と思った時から急に家賃がうらめしくなった。

（いい物件リスト）

※正しい質問が正しい答えを導く

お客さんの本音を知ることは大切だ。そこにマーケティングやセールスのヒントが隠されている、といわれるが、意外にそれをきちんとできている会社は少ない気がする。自分の経験では、そんな資料が商品のオリエンテーションの席で出てきたことはなかった。

「なぜお客さんはこの商品を買ったのか理由はわかりませんか?」なんて聞いて初めて、ポツリポツリと出てくることが多い。それも売る側からの視点での推測も多く、担当した営業マンに聞いてようやくわかるということも珍しくない。

これがこの広告の狙いだ。

お客さん側に立った表現は共感される

このコピーで注目したい点は、**見込客の視点、心理から表現**していること。

それと、表現の切り口。お客さんの声で語られると見込み客は、「ああ、なるほどね。確かに言われてみればそうだ」と共感しやすい。同じように賃貸で暮らしている誰かの声のように感じるからだ。

どうせ11万を払うならば、将来資産になるマイホームを購入したほうが断然いいやという気になってしまうのである。

同じ訴求でも、お客さんの心理に立って表現したほうが、共感しやすいだけに消費心理のホットボタンは押しやすい。

この場合だと「マイホーム購入を考えようか」「このまま賃貸だと損する気がする、考え直そうかしら」とアクションのスイッチが入りやすいのだ。

表現の切り口にしても、家賃がうらめしいとまで思わせようとしている。家賃を払うことは結果的に損であることを強調することで、マイホーム購入の優位性を浮かび上がらせようとしているのだろう（ただ、家が買えないから賃貸を選んでいるというお客さんもいるわけで、そのあたりのことも考えることも必要かな）。

このコピーを考えるにあたっては、お客さんの声をたくさん聞いてきたか、あるいはそういう情報を数多く蓄積してきたか、または消費者の気持ちになって、それを掘り下げて考え抜いたか、そうでないとなかなか発想しにくいのではと思った。

というわけであなた、お客さんの本音をたくさん集めたほうがいいですよ。それをコピーに生かせますから。

plus one

※正しい答えは、正しい質問から

正確に言えば、“賢明な人は、正しい答えを与えるのではなく、正しい質問を投げかける”。フランスの社会人類学者レヴィ・ストロースという人の言葉。僕はドラッカーの言葉だと誤解していた。この分野ではたいへん人気のある方らしい。僕の好きなロックバンド、ロキシーミュージックのライブビデオの監修にその名があったり、本人がロキシーのファンらしいとかそんな記事を昔読んだのだが、またなんで？

実践ポイント

- **商品を買った理由、商品を使った感想などお客の声を集めよう。**
- **お客の言葉（その立場になって）でコピーを語ると、共感しやすく、売り込み臭が少ないから敬遠されにくい。**

売れる!

コピーの型

その8 損していると気付かせる

僕らは常にもっといい情報を求めている

僕たちは、自分の選択を正当化しがちだ。それは失敗や損をしたくない。あるいは認めたくないからだ。だが上には上がある。もっといい選択があるのだ。**常に僕たちはモアベターな選択を探している。**広告はそんな僕たちに提案してくれる。もっといい方法、もっと得する方法などもっと！もっと！を。

そんな情報は自分で見つけてねといってもそれは難しい。みんな忙しいし、いつもあなたの商品のことを考えているわけではない。おまけに情報の量だけは宇宙にきらめく星のようにある。どの星が一番なのか、それを探す労力を想像するだけでうんざりするのだ。

僕たちはこんな世の中に暮らしている。誰かもっといい情報ください！ 僕らはいい情報に飢えているかも。そこでコピーがいいことを教えてくれる。

お手本コピー

汗をかいて、高いものを買いに行ってませんか？

（アスクル）

このお手本コピーを見たのは、日差しが強いわけでもないのに蒸し暑い日だった。そんな日に、こんなコピーは効きそうだ。

商品はミネラルウォーターの配達サービス。まだ梅雨明け前の時期だったから、これから夏本番を迎えるというタイミングを考えるとジャストな商品、ジャストなメッセージである。ビジュアルはそのミネラルウォーターがずらりと並んだ写真。最近見たアスクルのコピーは、わりと商品の価値をしっかりと伝えているものが多く、コピーの勉強になるものもけっこうあった。これもその中のひとつ。

ネガポジ反転させると説得力が増す

今回も商品価値をしっかり伝えている。商品はというと、まずはミネラルウォーターをオフィスに配送してくれるというサービス。もうひとつは、期間限定でディスカウント価格であること。これらふたつがこの商品のウリ。

つまり「期間限定、お値打ち価格でミネラルウォーターを配達いたします！」というメッセージでもいいわけだ。しかし、**買ってもらうためには必要性を高め、欲求にまで昇華させなくてはいけない。**

そこで考えたのだろう。これは、あなたの選択よりも、もっといい選択である。つまりあなたは**今、損をしているのだということに気付かせなくてはと**。そんなときは、次のように意味をネガポジ反転させて表現してみよう。

●期間限定ではあるが安い（ポジティブ）
→あなたは高い買い物をしている（ネガティブ）

●オフィスまで配達する（ポジティブ）
→あなたはわざわざこの暑い中、汗をかきながら面倒な思いをしている（ネガティブ）

どうだろう。コピーにあるとおり、汗をかいて高いものを買っているあなたは損をしているのだと気付いただろう。

もっといい方法があるのだ。それを「～していませんか」という表現で期待させる……という風に考えられたのかどうかはわからないが、**商品の特徴、メリットをネガティブに反転させて語る**というのも、コピーを考える上でのテクニックである。

人はもっといい提案が欲しいのだ。そのマインドをくすぐるには、現状では損していることを伝えてあげなきゃ。

実践ポイント

●見込み客にもっといい提案であることを気付かせよう。現状では損しているかもと思わせよう。
●そのために商品のウリをネガティブに反転させて語ってみよう。そうすることで商品の必要性を鮮明に感じさせることが可能だ。

売れる!
コピーの型

その9 見込み客の感動の声のように伝える

大好きな人のためならがんばれる?

人は案外、自分だけのためにはがんばれない。自分には甘いもので、すぐにくじけるのだ。でも誰か好きな人、たとえば家族や恋人、ペットのためならがんばれる。そんなことってありません? あなたの**大好きな誰かは、あなたのやる気にもなる**わけだ。

こういう気持ちを広告で利用するのはズルイと思われるかもしれないが、そうでもしないとあなたは振り向いてくれないから仕方がないのだ。でもあなたをだまそうと思っているわけではなく、もっと素敵な何かや感動を味わってほしいのだ。どんな商品だって、お客さんの役に立つことを望んでいるのだから。

商品のここがスゴイ、とコピーで強調するのもいいが、そのスゴさに気づかない人だっているわけだ。そんな人には、商品を使うことで得られる感動をイメージさせたい。こんなコピーで。

お手本コピー

「娘の写真集をつくろう。」と、本気で思いました。

（キヤノン）

お手本はキヤノンのカメラ〈EOS〉に使われている「大型CMOSセンサー」というテクノロジーのコピー。この広告はシリーズ展開をしており、動物や自然などの写真をビジュアルに取り上げ、「大型CMOSセンサー」による高画質を訴求している。他には、

やはり、クロヒョウは豹柄だった。

というコピーがあった。機能のレベルをたとえを使って表現しているわけだ。昔「**ゾウが踏んでもこわれない。**」という筆箱のCMのコピーがあった

が、これは説得力を強めるために一番強い例を持ってくるというテクニック。同じような例で『**小倉優子でも100を切るゴルフ**』というタイトルの本もあった。こうした表現はわかりやすいよね。

「擬似ユーザーの声」を演出してみる

お手本コピーに添えられたビジュアルは、ドレス姿の女の子がピアノの前にちょこんと座っている写真（ピアノの発表会らしきシチュエーション）。このコピーは、その娘の親（お父さんかな？）の言葉である。言ってみれば「擬似ユーザーの声」が演出されていると考えるとわかりやすいかも。

当然、〈EOS〉で撮影した写真であるから、写りは美しい。その機能のすばらしさを強調してもいいのだが、今回は、そうではなく娘の写真集をつくりたいという親心でそれを表現している。それも商品を実際に使った**ユーザーの感動の声のように語っている**（本気というコトバが本気感を出している）。

高画質な写真と親心をくすぐるコピーは、強い動機づけになる。つまりここでは**買う理由を提案**することにより、必要性を高めようとしているのである。カメラを手に入れた後に享受できる**感動のイメージを、具体的に想像**させたいのである。

「子どもの写真集」という**具体的な使い方を示すことで、感情を動かし**、「ボーナスが出たからよいカメラでも買うかな」と**アクションのスイッチを押す**のである。

画質がこんなにスゴイ！　と機能やスペックを強調していたら、たとえ娘を持つ親でも、何も感じなかったかもしれない。カメラのコピーだけに、イメージもくっきり美しく鮮明にというわけではないが、これはコピーライティングの重要なポイントなんだよ。ついでに「子どものため」とか、その人の大切な人をダシに使うのもアイデアのひとつ。

実践ポイント

- **商品を手に入れたことで享受できる感動を、お客の生の声のように語る。**
- **感動のイメージは具体的に表現し、想像しやすくする。**

売れる！
コピーの型

その**10**

見込み客にとっての「新しい」を提案する

それでも人は新しいを求めている

世の中、ひっきりなしに新商品が出回ってはとっとと消えていく。業種や商品によってはバラツキはあるが、おおむねどの新商品も1年後の生存率は5%～35%なんだそうだ。

一概には言えないが、**たいていの人は今までの習慣に沿って行動する、保守的な傾向が強い**という。買い物に失敗したくないこともあって、よほどの魅力がない限り、新商品に飛びつくことは少ない。そのため、せっかくの新商品も1年後にはその多くが消えていくのだとか。確かに新商品は試しに買うことがあっても、しばらくするとなじみの商品に戻っていることはけっこうある。

だからといって新しいものに抵抗があるかといえば、そんなことはない。それどころか僕たちは**いつも何か"新しい"を求めている**。

新しい商品、新しいアイデア、新しい出会い、新作、新入り、新装、新着情報、リニューアル、ニュース……新しいという言葉には、ワクワクさせる力がある。お手本コピーを見てみよう。新提案らしい。

お手本コピー

新提案！　毎日の食事で、
カルシウムが
おいしく無理なく摂れる
「もと」。

（味の素）

昔から「新」「新しい」という言葉は、広告で効果的だと言われてきた。正確にいえば広告でと言うより、人間の心理においてということらしい。

だから「**新しい**」のように人※が思わず反応してしまう言葉は、昔からコピーで使われている。デビッド・オグルビーも、効果的なキャッチコピーの作り方について、**常に新しい情報を入れよう**と言っている。**消費者はいつも新商品、従来商品の新しい使い方、従来商品の改良版に関心をもっている**からだ。

新商品でなくても「新しい」はある

本当に「新しい」はよく目にする言葉だ。

> もうお聞きになりましたか。新しいアリナミンのこと。
> （タケダ）

> 新しい、ロマンスカー。
> （小田急電鉄）

なるほど。確かに新しいというアピールには期待感がある。お手本コピーもそうだ。「**新提案！**」と頭につくことで興味もわきやすくなる。あるのとないのでは大きな違いだ。

だがここで疑問がわいてくる。新商品でもなく、新しい特徴が加わったでもない。新しいと言うことができない場合はどうすればいいのだろうか?

大丈夫、手はある。その商品の**従来の使い方とは、異なる使い方**を伝えればいい。新しいレシピ、新しいコーディネート、新しい楽しみ方……それらを、「新提案！」「うれしいニュース！」という「新しさ」でアピールする。

他にもある。その商品には**まだ伝えていなかった優れた点はなかったか**。差別化ポイントでなくてもかまわない。競合商品が言っていないことなら、それは見込み客にとって「新発見！」になるのだ。

plus one

※人が思わず反応してしまう言葉

エール大学の心理学者によると、次の12の言葉が、最も説得力があるそうだ。「あなた」「愛」「お金」「成果」「健康」「発見」「節約する」「簡単」「実証された」「安全」「保障する」「新しい」。さらに有名なマーケティングコンサルタント、ジェイ・C・レヴィンソンはこれに「自由な」「なぜ」「発表」「販売」「はい(Yes)」「どのようにして」「今」「利益」「早い」「安定した」「秘密」を付け加えている。どれもチラシやダイレクトメールでよく見かける言葉。

ジェイ・C・レヴィンソン著　実践的ゲリラマーケティング（東急エージェンシー）より

実践ポイント

- **「新しい」「新」という言葉、それを感じさせる言葉は、注目させるという点で効果的。**
- **新商品やバージョンアップしていなくても、新しい使い方や伝えていなかった優れた機能や働きを伝えることで、見込み客に新しさを訴求することができる。**

売れる！
コピーの型

その**11**

時間的な希少性をアピールする

「数量限定」「期間限定」といったという集客テクニックである。

わかっていても希少性の誘惑には抗えない。これに対処するためには、まず欲しい、という高ぶりを静め、なぜ欲しいのか、本当にチャンスなのかと考えろと心理学者は言う。しかし、考えている間に、欲しい商品が次々と……ああ、がまんができない！

次のコピーのように一生に一度なんて言われたら、もう動くしかないだろう。

このお手本コピーに添えられたのは、お父さんに抱っこされたまま寝ている娘（ディズニーキャラクターの帽子をかぶって）の写真というビジュアル。なんとも琴線にふれるアプローチである。

これにはボディコピーもあり、前に家族でディズニーシーに行ったときの娘のうれしそうな表情がつづられ、今年のクリスマスにはどんな思い出が積み重なるのだろうと父親のモノローグで語られて

お手本コピー

3歳のクリスマスも、
5歳のクリスマスも、
一生に一度だけ。

（東京ディズニーシー）

少ないものは良いものだ？

数量限定、初回限定というトラップによく引っかかる。本当に限定ならばいいのだが、たまにご好評にお応えしてアンコール発売！と銘うち（これもまた限定）、2度も3度も売っている場合がある。だから、学習して次は慎重になって様子を見るようになるが、もしかしたら二度と手に入れるチャンスはないのではと不安になり、また……僕はサルか。

※**希少性の原理**というものがある。人は機会を失いかけると、その機会をより価値あるものとみなすとか。話が難しくなるので省略するが、これを利用したのが

いる。小さな子どもを持つお父さんは、思わず読み入ってしまうだろう。

時間と機会の希少性を強調

誰に向けたメッセージなのかはっきりしている表現はそれだけ強い。お手本コピーでは、見込み客として、若い女性やカップルのことなど考えていない。狙いは絞り込まれている。

さて、このコピーだが注目すべきは「一生に一度だけ」。つまり**時間、機会の希少性の活用**による表現である。

限定というと数量に目がいきがちだが、**時間においてもそれを制限することで希少性を作ることができる**。イベントや映画で「独占特別公開」とか「いよいよ明日まで」なんてコピーをよく目にするが、狙いは希少性の原理によって集客力を強めることである。

コピーにある「3歳のクリスマスも5歳のクリスマスも」という言葉も、時間の制限という見方からすれば、一生に一度の機会である。それに気付かせようとしているわけだ。単にクリスマスにはディズニーシーへ行こうというだけでなく、家族でディズニーシーへいくことの価値までも具体的に、しかも「一生に一度だけ」という言葉で強調している。

こうしたアプローチは旅行関連商品にも応用できるだろう。デジカメやビデオカメラにでも「娘の卒業式は～」「息子の運動会に～」なんてアプローチがよく見られるが、コピーで「一生に一度」のような言葉でイメージを強調して伝わる力を強めることもできる。

あなたの商品で「一度きり」という希少性は提案できるだろうか？ そこから新しいコピーも生まれるはず。

plus one

※希少性の原理

自由な選択が制限されたり脅かされたりすると、自由を回復しようとする欲求によって、その自由を以前より欲するようになるという心理的リアクタンス（反発）が根本にあるとか。こうした心理学における原理は、よくマーケティングに使われている。そして悪徳商法や詐欺にも。引用したロバート・B・チャルディーニという社会心理学者が書いた『影響力の武器』（誠信書房）には、そうした原理と事例が詳しく書かれており、多くのマーケティング担当者やコンサルタントに読まれているらしい。

実践ポイント

- **商品の利用シーンに、時間的な制限（希少性）という価値があるか分析する**
- **「一度きり」「一生に一度」といった時間的な希少性を強める表現を入れて、商品を手に入れることで享受できるイメージを鮮明（具体的なシーンなど）に伝える。**

売れる!
コピーの型

その12 ビフォー&アフターを劇的に伝える

お手本コピー

なんで、私が東大に?!（四谷学院）

ドラマティックな変化でひきつけて

人は好奇心の生き物である。いや、人以外、たとえば犬にも好奇心はあるのだろうが理由まで知りたがるかどうか。そうした習性のようなものは、昔から広告のコピーでも利用されてきた。

> **わたしがピアノの前に腰を下ろすと、みんな笑いました。しかし、私が弾き始めると……**
> （U・S・スクール・オブ・ミュージック通信教育）

これは、よく通信販売などダイレクトマーケティングのコピーのお手本として挙げられる古典的なコピー。音楽の通信教育の広告に使われた。ジョン・ケープルスというコピーライターが考えた有名なコピーで、長いボディコピーでは、仲間の驚きと優越感、そしてなぜ短期間でピアノを弾けるようになったかがエピソードのように語られている。

こうしたドラマティックなできごとに、好奇心の虫はだまっていられない。その理由を知りたくなるのだ。なぜ？　どうして？　なんで？

そのワケをひもといていこう。

お手本コピーは、予備校の広告から。

２００８年2月現在も使われているから、3年も続けて使われている。受験生に好評なのだろう。それはよくわかる。仮に僕が受験を控える高校生だとしても、東大を目指さないとしても（無理だとしても）、知りたくなる魅力がある。

自分の受験勉強の参考になるならとその先を聞かずにはおられないのだ。結果には必ず原因がある。なぜそのようなことが……と。

顧客の声から抽出してみる

こうした成果を劇的に表現するコピーは巷にあふれている。「**年収２００万円の私がわずか10日間で月収２００万に！**」「**人づきあいが苦痛だった私に、イケメンの彼氏が！**」

こうしたコピーはネット広告ではよく見かけるはず。もっとも少々怪しい広告にもよく使われているようだが、いずれもその理由を知りたくなるような思わせぶりな表現が特徴だ。だが、好奇心に抗うことは難しい。ついその先を知りたくなってクリックしてしまった経験、ありませんか？

常識では理解しにくい成果であればあるほど、好奇心の高まりは比例していく。僕はこうした表現を、テレビ番組のタイトルをいただき、「**劇的ビフォー&アフター型アプローチ**」と勝手に名づけている。

あなたの商品にある機能や働きには、見込み客の暮らしや人生を変える力があるはずである。ビフォー&アフターをもたらすことができるのだ。**その変化、その成果を、時には大げさに、時にはなぞめいた言葉で伝える**ことはできないだろうか？

たとえばあなたの商品によってお客さんはどのような成果を体験したのか、顧客の言葉から劇的なストーリーは見えてこないだろうか。それが抽出できたら「なぜ私が～」「こんな私がいまや～」「今までは～でしたが、今では～」などというストーリーでコピーに落とし込む。まずは探してみてね。

実践ポイント

- **●商品によってもたらされる成果を、ビフォー&アフターで表現する。アフターに導ける表現であれば、ビフォーのみでもよい。**
- **●商品によってどのようなビフォー&アフターがもたらされるかを分析する。または顧客の声から探し出す。**

売れる!
コピーの型

その13 「しないで済む」ことを強調する

それは人類の願いと発展の礎か

「ウィズアウト・アプローチ」をご存知だろうか？　聞いたことがないだろう。それはそうだ。さっき僕が作った名称である。当然広告の世界にそんな名前のテクニックは存在しない。

しかし、このアプローチの方法は大昔から存在するし、広告のテクニックとしてはクラシックな類である。ウィズアウトというのはwithout（〜しないで、〜のない）という前置詞のこと。

つまりウィズアウト・アプローチとは、「努力**しない**で成功する」「メスを使わ**ない**手術」「無理の**ない**ダイエット」といったように、**面倒や不便なことを省いて達成できるというメリットを伝える方法**である。

社会は人類のもっとラクしたいという願望によって進化してきたのだ。面倒や不便でもOKならば、車も飛行機も皿洗い機もロボットも発明されることはなかったかもしれない。

お手本コピー

がんばらない
血糖値対策を。

（大正製薬）

お手本コピーは「グルコケア」という、血糖値が高めの人向けの緑茶風味飲料の広告からである。今のところ僕は血糖値対策には縁がないので、対策の面倒や継続することの難しさを想像できないが、きっと意志の強くない人にとっては大変なんだと思う。

ダイエットの例を出すまでもなく、体重も体脂肪も減らすのは大変だ。強い意志と実行力が求められるからだ。だから、多くの人が途中で挫折してしまう。

人間、誰でもラクしたい。そう、がんばり

たくない。でも健康でいたい。それがホンネ。血糖値のコントロールも面倒な食事制限をしないでやりたいのだ。楽な血糖値対策が一番いいに決まっている。そんな心理を突いた表現である。ポイントは「がんばらない」である。ではこんなコピーはどうだろう。「**毎日飲むだけ、らくらく血糖値対策はいかが。**」

「**らくらく**」の部分が具体的でわかりやすいが、毎日飲むというのは継続しなくてはいけないということ。ここで抵抗を覚えた人は広告から離脱するかもしれない。

類語を探したり反対語を否定したり

商品を買わない理由、ネックになるのはどこだ。それは手間や労力、つまり「**面倒くさい**」**という心理**である。これが、従来の商品にあった限界である。この商品はそれを解消することができるのだ。

つまり「面倒くさい」という唯一のネックを取り除くことを伝えたほうがメッセージは強くなる。

そこで「**がんばらない**」**という表現。**「らくに」よりも「**がんばらない**」のほうが、ありがたさが強調され、メリットが際立つ。この表現を考える上で「らくに」「簡単に」を違う言葉で置き換えるプロセスが必要だ。

同じ意味で違う言葉を考え出すために、あなたひとりでブレスト（みんなでやってもいいわけだが、みんなもきっと忙しいと思う）しなくてはいけない。

類語だけでなく、「がんばる」を「がんばらない」に、「無理する」を「無理しない」といったように**反対の意味を持つ言葉を否定する**のもテクニックだ。類語辞典に力を借りてもいい。

「**〜しないで〜できる**」というアプローチは、見込み客へ、**従来の商品では限界であった働きが改善されたことを伝える**のにふさわしい。使い尽くされた表現だが、人の心を動かすという点についてはバリバリの現役。使わない手はない。

実践ポイント

●その商品はどんな面倒や手間を解消するのか抽出する。「〜しないで〜できる」というパターンに当てはめてみよう。
●「〜しないで」の表現は、メリットであるポジティブな表現の反対の意味の言葉を探して否定して考える。（例：簡単にできる→手がかかる→手がかからない）

売れる!
コピーの型

その**14**

選ぶポイントを提案してあげる

アピールするのは簡単なことではない。だが方法がないわけではない。**どうすればあなたの商品を、見込み客に誘導することができるか。それはまるで商品の評論家のようにふるまうこと**だ。あくまで**中立を装いながら近づいていく**のだ。そ～っと。

お手本コピー

そのフルハイビジョンは、動きに強いか。

（パナソニック）

お手本コピーはプラズマテレビの広告からだが、正確に言うと商品よりも同社のプラズマ技術についての紹介である。まるで薄型液晶テレビの評論家のような言い草であるが、**差別化を伝え、売りにつなげるための常套句**である。

テレビやケータイやパソコン、家電など高機能化・多機能化している製品って、素人には違いがよくわからない。よほど詳しくないと、どこで選べばいいのか、その基準がわからないんだね。わからないから、CMをしている会社とか、有名な会社なら間違いないだろうと選んでしまう。

評論家のようにアドバイス

メカに詳しくはないが、そう疎くもない僕でもデジカメやケータイを選ぶときは苦労する。まず選ぶ基準に迷う。同じような価格帯であれば、機能にそれほど差がないことが多い。それで、口コミサイトでカスタマーレビューを見るのだが、ほめているポイントもさまざまで余計にわからない。店頭に足を運んでもさらに迷ってしまって、店の「売れ筋トップ3」の商品から見ていったりする。

大きな違いがない商品にしても、違いはあるが競合商品が多すぎて目立たない商品にしても、自らの存在を見込み客へ

「選択基準＝差別化」を刷り込む

テレビについて言えば、次々新しい技術が出てきて、どれを選んでいいのか悩むはず。だから、こうしたコピーが機能する。ポイントは、**商品選びの基準を示している**こと。この場合「動きに強いか」という質問は、「動画性能で選んでね」と言っているようなもの。

もちろん、示した基準は、その商品が**差別化できるポイント**であるけれど、詳しくない人にとっては、**商品選びのアドバイス**みたいなものなので、ありがたい。「テレビ選びのキモは、動画性能ですよ」と言いながら、「まぁウチの商品が一番なんですけどね」と暗に言っているわけ。

差別化ポイントはアドバンテージになる。「選ぶ基準を伝えるふりして、自分のウリを言っているわけね」と言われたらその通りですという他はないのだが、この型はいろいろと応用がきく。「フルハイビジョン」を「ケータイ」とか「クルマ」とか「証券会社」など商品に変えても成立するのだ。特に競争の激しい、圧倒的な差別化が難しい商品には使える表現である。次のクルマのコピーにもこの型が使われている。

> **ステーションワゴンは、あなたの美意識に応えられるか。**
> （アウディ）

このように商品の強みを「〜に〜か」と言えば、割と簡単にコピーができ上がる。「**そのケータイは、音楽に強いか**」「**そのマンション、耐震？**」なんてね。お試しあれ。

実践ポイント

- **商品選びに迷う見込み客に選ぶポイントを提案するかのように語る。そのポイントはあなたの商品が差別化（あるいは優れている点）できる機能や働きだ。**
- **まず「あなたの選ぶ商品は、〜か？」というパターンで考える。「〜か？」には差別化できるポイントを盛り込む。**

売れる!
コピーの型

その15 うれしい姿を妄想させる

お手本コピー

「あれ、英語しゃべれたの?」って驚かれるのはかなりワクワク。春はイメチェンの季節よね。

（イーオン）

妄想を暴走させよ

妄想するのが好きだという人はたぶん多い。そう、妄想は楽しいものだ。誰にも邪魔されず、あんなことやこんなことが体験できるのである。

それが自分にとって最高に楽しいことであれば、脳からドーパミンがあふれ出し、しあわせの海に気分よく溺れることができるのだ。

しかし、反対にネガティブな妄想は、自らを底なし沼に落とす。次から次へと悪いことが起こるような妄想は、気持ちをなえさせ一気に絶望の淵へと追いやってしまう。考えすぎだとわかっていても一気に気分はブルーになるのだ。妄想は楽しい、されど怖い。

広告も言ってみれば見込み客の妄想を暴走させる装置のようなものである。まだ起こってもいないことを、さも起こるかのように言って想像させるのだから。

この商品を使うと、ほら、こんな素晴らしいあなたに生まれ変わるよと、今日もどこかで広告はあなたの妄想の導火線に火をつけようとたくらんでいる。

イメチェン願望に火をつける

お手本コピーは見ればわかるとおり、英会話スクールの広告である。人は誰でも多かれ少なかれ優越感を感じたいものだ。羨望の的になるのは気分がいい。このコピーは、先に紹介したビフォー&アフターを劇的に伝える手法の**アフターの部分を鮮明にイメージさせるアプローチ**である。

表現されているのは「こうなったらいいな」という誰もが妄想しそうなシチュエーションだ。これまで英語を学ぼうと考えたこともない人や、英語をマスターしたいというニーズはあるけど、ふんぎりがつかない人を妄想させ、欲求のスイッチがポチっと押されるよう働きかけるのである。つまり動機付けを行うこと、モチベーションアップを促してやるのだ。

「雰囲気変わったね、きれいになったねー」とか「いつのまに？　すごいね」なんて周りから注目されたり、ほめられたりすると誰だってうれしいもの。

英会話スクールがあるのは知っているし、そこに通えば、英会話能力がつくことは理解している。だがそこまでである。それから**先のイメージが想像つかないから、必要性も欲求も眠ったまま地中深く潜んでいる。**

しかし、それから先のイメージを具体的に、まるでシンデレラのストーリーのように、その英会話に通うことで得られる**究極の満足をくっきり知らしめてやれば**、眠っていた欲求は覚醒し、一気にあなたを突き動かす。

今の自分より素敵な自分がそこに描かれているのだ。そのチャンスの扉が目の前に開かれているのだ。コピーに書かれていたシーンの主人公は、いつのまにかあなたに変わり、あなたはすばらしいストーリーを妄想しはじめるのだ。

このようにアフターの部分を**具体的に、リアリティのあるストーリー**で描いてあげよう。コピーの中に「**イメチェン**」という言葉があるが、うまくコピーを強調させている。今よりも**もっと素敵な自分にイメチェンした姿を妄想**させてあげよう。日常の中の断片から探してみよう。その前にコピーを考えるあなた自身も、妄想しなくてはいけないかも。

実践ポイント

- **商品を手に入れた後のアフターの部分に焦点を当てて、そのシーンを具体的にリアリティのあるストーリーで伝える。**
- **まるで妄想の中にいるように、今の見込み客の姿がどんなに素敵になるか、イメチェンした姿を生き生きと表現する。**

売れる!
コピーの型

その16 役立つ知識を教える

「いい人」では見込み客は逃げる?

基本的に**広告は読まれない**、**信じてもらえない**、**おまけに読んでも人はなかなか行動しない**という三重苦を背負っている。だからあの手この手で、目を止めてもらい、さらに信じてもらえるよう伝え、アクションを起こしてもらえるよう働きかける。

いわば広告は、ちょっとうっとうしい奴なのだ。だから好かれるよう努力する。たとえば**役に立つ知識を教える**とか。私たちの知識などたかが知れているし、間違った知識を仕入れたままそれを正しいと信じている。だから正しい知識を伝えてあげることは、見込み客にとって役に立つ。その積み重ねが信頼関係を生んで……ちょっと待ってほしい。広告はそんないい人で良かったかな。

それは買いかぶりというものだ。確かに良いことを教えてもらえるのはありがたい。だが、それはあなたを商品へと導くオマケのようなものだ。**役立つ知識と引き換えに**、**最後にはあなたの購買意欲を手に入れたい**のだ。良い情報を提供するだけじゃただのいい人。それでは薄情な見込み客は逃げていく。次のコピーもいい人そうで実は……。

お手本コピー

くすんだ肌は、古くなった肌だと知っていますか。

(クリニーク)

知らなかったことや、自分にとって有益な情報はありがたいものだ。ひとつ賢くなった気がするし、気付きをもらえるからだ。このような役立つ情報は、広告に対する見込み客の強固なディフェンスをゆるめる。

人は好奇心のかたまり。新しいこと、知らないことには人は興味を持ちやすいもの。特に**自分に興味のあることには思わず反応してしまう**。素通りする見込み客を立ち止まらせることができるのだ。

しかし広告である。教えたがりのいい人で終わるわけはないのだ。たとえばこのスキンケア商品のコピー。肌のくすみに悩んでいた見込客はその解決法を知りたがる。その先のボディコピーを読み進んだり、クリックするなどして解決策を求めていくのだ。そして、最後に現れるのは商品（＝解決法）である。

これもまた古くから使われてきた表現のテクニックである。役立つ知識など客観的な情報を知らせ、興味をもった見込み客を誘導させるアプローチだ。

ニュースのように伝える

このアプローチには「問題」と「解決」**それぞれに焦点を当てるやり方がある。**たとえば商品が解決する見込み客の問題をニュースのように語る方法。たとえば次のようなコピー。

> **やせにくくなった原因は、基礎代謝にありました。**
> （大正製薬）

基礎代謝が衰えることによる問題を抽出し、その客観的事実を伝えることでその情報は見込み客にとって有益な情報へと変わる。あなたの商品が解決する問題に関わる事実を分析することで、このアプローチを作り出すことができる。

反対に「解決策」に焦点を当てるアプローチも、「〜基礎代謝の改善という事実。」といったような表現でコピーを作ることができる。

他にも「**10人に1人は〜という事実**」とか「**企業の40%は〜を導入**」のように**数値を折り込んだ表現も客観性を強調するのに効果的だ**（もちろんデータの改ざんや偽造はダメ！）。

ベースになっているのは、見込み客が抱える問題やその解決策を盛り込み、必要性や欲求を生じさせるという方法である。ニュース情報のように表現することで、客観的で有益な情報と思わせるのだ。

その場合、「ご存知ですか」「実は」という言葉が冒頭に来ても、似合うような表現で語りかけよう。

実践ポイント

- **見込み客へ役立つ知識をニュースのような客観的情報のように伝える。**
- **その場合、商品が解決する見込客の問題に焦点を当てる、あるいは解決に焦点を当てるアプローチが考えられる。**

売れる!
コピーの型

その17 見込み客が得することをやさしく言う

売る側と買う側にはギャップがある

よくあることだが、**売る側と買う側の視点にはズレがある**。売る側は、商品の機能がいかに優れているか懸命に広告で伝えようとする。しかし、それが**買う側の欲望と結びつかない**のだ。

なぜなら機能を強調しても買う側がメリットをイメージできないからだ。僕が電器メーカーの広告制作に関わったときによくそんな経験をした。自社製品の優れた機能に自信があるから、そのことを強く言いたい気持ちはわかるが、見込み客がその商品について期待していること、知りたいこととの間にどうしてもギャップが生じてしまう。

不思議なことだが、売る側の人だって、同時に買う側であるにもかかわらずそれを忘れてしまう。つまり買う側がどんなメリットを享受できるのか、商品のどんな機能や働きに注目しているのか、その視点を忘れてしまっている。あなたは買う側の知りたいことを伝えているか?

お手本コピーの商品はインターネットの検索連動型広告のサービスだ。こうした新しいサービスを伝えるのは難しい。今まであまりネットを活用していないお客さんに、「キーワードで検索するとですね」とか「ワンクリック9円で～」と言ったって相手はきっと?となるだけだ。

ではどうしたらいいだろう。それは**見込み客にとってのメリットを簡単な表現、簡単な言葉で伝える**のが一番だ。少々大ざっぱになっても、その商品に

お手本コピー

あなたのホームページへ、すぐ、たくさん、安くお客さんを集められます。

（オーバーチュア）

詳しくない人にもわかるように。まず、**見込み客の欲求や必要性を起こすことが重要**なのだ。

思いやりとやさしさはある？

この商品の場合、ネット広告に詳しくない人に「なんかしくみは難しくてよくわからんが、良さそうだな」と思わせるのがポイントで、アクセスとかキーワードとかマーケティングといった言葉を使わずに、「すぐ、たくさん、安くお客を集める」ということをストレートに伝えることが何より大切。このコピーは、**商品について理解してなくても、見込み客は何を享受できるのかよくわかる**。

人気サイト『ほぼ日刊イトイ新聞』管理人であり、コピーライターとしても活躍した糸井重里さんは※「**商品の送り手は、その商品を使う人の生活を想像すること**から絶対に逃げてはいけない」「商品の表現であろうと、写真の表現であろうと、文章の表現であろうと、**それを受け取った人のことを想像しないでいい表現はひとつもない**」と広告の表現を上達させるためには、**相手への想像力を大きくすることだ**と言っている。コピーにも思いやりというやさしさは必要なんだね。

plus one

※広告表現と恋愛

『ほぼ日刊イトイ新聞の本』（講談社）からの一節。この中で糸井さんは。商品を伝えることを恋愛にたとえる。「必死になって汗をふきながら、僕はこうこう素晴らしいので、ぜひぜひ結婚してください！と、ただ語気荒く演説しても、相手には迷惑だけだ。」と言いたいことを言っても恋は成就しないと語る。とてもわかりやすい例ですね。

実践ポイント

- **商品によって見込み客がどんなメリットを享受できるのか強調する。特に新しい商品、従来なかった新しい機能を説明するときも同じ。**
- **商品について知識が乏しい見込み客には、簡単な言葉、簡単な文章で伝えることを心がける。**

売れる！コピーの型 その18

買う目的を具体的に設定する

欲望の高まる頃を見計らって

雑誌の特集を1年を通して見ると、この時期にはこの特集、という傾向がわかる。たとえば春前には冬にためた脂肪の減らし方などダイエット特集、半そでの季節、夏前には魅せるカラダづくりなどフィットネス特集である。雑誌は世間の欲望をよく知っている。知ったうえで、絶好のタイミングで特集を組むのだ。欲求が過巻いている時期に、特集を投げかけるのだから無視される可能性は低い。特にダイエットやフィットネスは昔からある普遍的な欲望である。きれいに見せたい、たくましく見せたいといった願望は昔から変わっていない。これは広告でも同じである。見込み客へ目標を設定することで、商品の欲求と必要性を高めるのは、雑誌の特集を考えることと似ている。

お手本コピー

> **春までに恋人ができるカラダ作り**
> （Hanako）

お手本コピーは女性誌「Hanako」の特集タイトルだ。サブタイトルは「東京の男子808人の調査でわかった」の特集タイトルだ。サブタイトルはいる点。この場合「春までに」という表現が目標である。コピーの型その2「具

真実」。男の視点や価値観からみた、理想のカラダはどう作るかということらしい。記事の中には"ぷるん"とおいしい果物みたいに！ほめられバストの作り方」なんて見出しもある。話がそれるが、この"ぷるん"というような「触感」に訴えかける表現もイメージを鮮明にするテクニックのひとつである。"ぷるん"がある場合とない場合を比べてほしい。

お手本コピーで注目したいのは見込み客へ

体的な数字で約束する」というアプローチを紹介したがそのバリエーションである。こちらは数値ではないが具体的な時期を設定してゴールを明確にする。

目標は実現可能で魅力的なものを

さらに「**恋人ができるカラダ**」という見込み客にとって魅力的で具体的な表現も、**ゴールをさらに鮮明にする**。「**10日間でアクセスを10倍にする儲かるコピーライティング**」といった表現と同じ。

勉強でも仕事でもよく目標を設定しろというが、「いつまでにこうなる」という具体的なイメージがハッキリとするのでモチベーションが上がる。広告だって例外ではない。

これが単に「**今から始める美しいカラダ作り**」だったとしたら、イメージがぼんやりしているために、モチベーションは起こりにくい。これを「**まだ春までに間に合う、セクシーボディづくり**」なんて具体的にすれば変わってくるだろう。

また、「**恋**」※や「**ラブ**」なんて表現は、さんざん使い古された言葉であるけど、「**セックス**」や「**成功**」、「**お金持ち**」などと同様に無視するのが難しい、人間の**本能や欲をつき動かす言葉**である。そんな言葉が視界に入ってくると、人はついつい焦点を合わせてしまう。下品にならなければ少々挑発的なコピーも効果的だが、最近は消費者からのクレームもきびしい。さじ加減の難しいところなので気をつけたい。

実践ポイント

- **見込み客へ具体的で魅力的な目標を設定してあげる。**
- **目標は時期的なこと（季節やイベントなど見込み客の欲望が高まっている時期などに合うもの）、達成した姿などを表現する。**

plus one

※「恋」「愛」という言葉は理性を超える？

デビッド・オグルビーによると、「愛」「大好き」など感情を喚起させる言葉を盛り込むと効果的だとか。ダブ石鹸の広告では、彼はバスタブに浸かった女性の写真に「あのね、今すごく気持ちいいことしてるの（Darling, I’ m having the most extraordinary experience…）」というコピーをつけた。なんだか本能をビンビンさせてくれそう……。

売れる!
コピーの型

その19 世の中のイベントに便乗する

お手本コピー

**さあ、トリノオリンピック!
キレイな液晶テレビで
見てください。**

(パナソニック)

失った情報を補完する代わりに……

商売のチャンスがあれば、関係なくても理由をこじつけてでも売る、「商魂たくましい」という言い方にはいささか侮蔑のニュアンスがあるようだが、商機を勝機にするセンスと考えればそれは大事な資質である。

そのセンス、当然広告にも必要だ。僕たちは賢く生きているつもりでも、常に慢性的な情報過多状態であり、新しく仕入れる情報も多いが、一方でものすごい量の情報を破棄している。なんといっても記憶の容量に限界があるのだから仕方ない。

広告は時としてその失った情報を補完するかのように機能する。もちろん記憶を呼び戻すだけで終わらない。呼び戻してあげる代わりに商品の情報もくっつけてくるのだ。

ものごとは、ギブ・アンド・テイク。気前のいいやつなどそうそういないのだ。だが、それによってメリットを得ることができれば、とてもありがたいと喜ばれる。よくぞ気付いてくれた! と。

お手本は薄型液晶テレビの広告である。このコピーには「オリンピック」という言葉が使われているが、「オリンピック」や「五輪」は商標登録されており、公式スポンサーにならないと、広告に使えないので、オリンピックに便乗すれば良いと言いたいわけではない。オリンピックやワールドカップなど世界的なスポーツイベントの年には、テレビや旅行など関連商品が売り上げを伸ばす。これも商機を勝機に変えるプロモーションによるものが大きいのだ。

商品の必要性をイベントに結びつける

何もイベントはオリンピックやワールドカップだけではない。春には卒業式、入学式など**生活に密着したイベントはたくさんあるのだ**。イベントにあった、あるいは提案できるものが商品にあれば、それは利用したほうがいい。つまり**空気を読もうということ**。

> 今日の大きなランドセル、すぐに小さくなっていくんだろうね。
> （パナソニック）

というコピーを見たのは1月下旬。入学式まで3カ月もない。これはビデオカメラのコピーである（見込み客である親の視点から語っていて共感を誘いやすい）。これがランドセルを背負った女の子の後姿のビジュアルに重なる。そしてサブキャッチにはこうある。

> さあ、入学式。
> カードムービーならさらに小さくなってママの愛に応えます。

「さあ、入学式。」である。**商品の必要性をイベントに結びつけている**のだ。つまりここでも**買う理由をさりげなく提案し**ているのである。

世の中には数多くのイベントが存在する。オリンピックのように強力でなくても、見込み客によっては強力なイベントはあるのだ。そこに商品への必要性や欲求をどう結びつけるか、あなたの商魂にかかっている。「さあ、～」に何を盛り込むか。

実践ポイント

- **世の中のイベントを利用して、商品の必要性と結びつける。**
- **「さあ入学式です。」「もうすぐ卒業式。」「いよいよ北京。」といったように、イベント（あるいはイベントを思わせる言葉）をコピーに盛り込む。**

売れる！コピーの型

その20

価値を別の言葉で強調する

言い換えによって強化する

「**要するに何**」「**短く言うと何**」という発想法は、コピーを考える上で基本的なアプローチである。多くのコピーライターがこうした問いを脳に突きつけ、答えを強要する。

　簡単に言うと、**別の言葉による言い換え**である。何のためにするかというと、見込み客の意識を強く引きつけるためである。キャッチコピーの**キャッチの部分の機能を強化する**ためである。商品の価値を強調することで、見込み客の欲望を覚醒させるのだ（あるいはコピーを最後まで読んでもらうため）。

　だが、不安だ。言い換えるにもボキャブラリーがない。そう思う人も多いだろう。僕も苦しんだことがあった。本屋を駆けめぐり、雑誌など資料をたくさん集め、辞書はボロボロになるまで引きまくり、コーヒーをがぶ飲みし、チョコ（ブドウ糖の補給）をむさぼり食いながらキーワードの抽出をしたものだ。だが、インターネットの出現でその苦労は軽減された。時間がないとき、見込み客のインタビューや顧客の声が集められないときの手段としてはこんなにありがたいことはない。いい時代だなー。

お手本コピー

Wコラーゲンたっぷり、美肌宴会はいかが？

（とり鉄）

　お手本コピーは焼き鳥チェーンのポスターで見た。忘年会だか新年会だかのシーズンで、おすすめ料理は「鶏の水炊き美白鍋」。鶏コラーゲンとフカヒレコラーゲンが入ってるのでWコラーゲンということらしい。

　それにしてもメニューの名前がいい。「**美白鍋**」。見込み客の意識をロックオンするには十分である。加えて「**美肌宴会**」

という言葉。商品の価値がわかりやすく表現され、欲求を刺激する。

それは要するに何だ？と問う

まず、このコピーを解体してみてわかることは、誰に向けたものかがハッキリしていること。ここでメッセージを届けたいのは女性だ。そして商品はコラーゲンの入ったメニュー。しかし女性とコラーゲンを結びつける欲望とは何だろうか？　そんなに難しくはないが、どうもイメージがわかないならば、**インターネットの力を借りよう**。

「女性」「コラーゲン」で検索すれば、そのキーワードにヒットする商品や関連情報が表示される。説明を読むなりそこからキーワードを抽出するなりして、欲望と結びつく言葉を探そう。「美肌」や「美白」という言葉も出てくるはず。

基本的には言い換えのアプローチである。商品を使うことでもたらされる良いことや満足することが何かを考える。

要するにコラーゲンは女性にどんな良いことをもたらすかという**〈要するに発想法〉**で考えてみる。そこから連想される言葉をベースに、そのまま使ったり、短縮したりしながらコピーに仕上げる。この場合は「鍋」「宴会」という言葉にくっつけている。

ほかの例では二世帯住宅の広告にこんなコピーがあった。アイデア出しの段階では、「コエンザイムQ10」の代わりに「ヒアルロン酸」や「エステ」も出てくるだろう。

孫の笑顔は、
私のコエンザイムＱ10。
（旭化成ホームズ）

こうした考え方は商品のネーミングにも使えるので、覚えておきましょう。

実践ポイント

- **見込み客の意識をくぎづけにするために、商品の価値を強調する言葉をコピーに使う。この商品は見込み客にとって「要するに何だ」と発想してみる。**
- **どんな見込み客がどんなメリット（物理的、精神的など）を享受できるか、商品の機能や働きがもたらすものや、ことを書き出して、そこから表現を考える。**

売れる！

コピーの型

その21

商品への要望を客の声で語る

コピーを解体すれば考え方が見える

とても大ざっぱな見方であるが、売りにつながるコピーには「**問題と解決を示す**」という気前のいい表現、「**問題のみを示す**」という興味をかきたてる前出し表現、初手から「**解決を示す**」という後出しパターンが多い（ような気がする）。

そうした視点で普段、目にするコピーを因数分解していけば、反対にコピーを考えるときにアイデアも出やすい。たとえばひとつの機能で3通りの表現ができるのだから、商品全部では、機能や働きの数×3と多くのアプローチのアイデアが生まれる。さらに、その語り口や切り口によって表現のバリエーションが加われば、ずいぶんたくさんの表現を考えることができる。

プロのコピーライターは、駆け出しのころよくコピー出し100本ノックなんてやらされて鍛えられるが、100本と言わないまでもたくさん考えるに越したことはない。

次のコピーも因数分解すれば基本は「問題を示す」型。語り口と語る視点でのバリエーションのひとつだと言える。

お手本コピー

安いだけでは困る。ソフトやメモリも必要だし、品質にもこだわりたい。でも高いのも困る。

（富士通）

これはパソコンの広告だが、エンドユーザーというよりビジネスパーソンや企業向けだ。これからパソコンを買おうとする初心者にこんなメッセージを伝えてもわからない。**誰に対して情報を届けたいのか**、**焦点を絞り込む**ことは大切なので忘れないこと。

解決からニーズを導く

このお手本コピーは**見込み客の要望を見込み客の言葉で語っている**、よくあるアプローチだが、よく使われるのは効果的だから。広告があなたの鏡、もしくは他の見込み客の声となって「同じこと思っていたんだ」と**共感を得やすくする**のだ。広告の売り込み臭も消してくれる。

でも注目したいのは、コピーで伝えている内容である。安さでは選ばないが、スペックや性能はそれなりのものが欲しい。しかし出費は抑えたいという内容。これはこの商品に限って言っていることではない。ここで言っているのは**パソコン全般に対する要求**である。メッセージを届けたい相手が、パソコンの**購入の際に求めがちな一般的なこと**を語っているのである。

そして、この商品がその要求を満たすことができる、そう思わせたいのである。

もし、あなたの商品が、競合商品や従来の商品、業界のスタンダードよりも優れた機能や働きがあるなら効果的だろう。

このアプローチは、不満や悩みでも応用できる。要望を示した後は、あなたの商品がニーズに応えられることを説明していけばいいのだ。このコピーの次にくるサブキャッチのように。

安心の日本製、しかも低価格。

お手本コピーのように見込み客の声で要求を語るような表現にする場合は、「安心の日本製」というポジティブな表現を、「品質にこだわりたい」というようにネガティブな表現に反転すると、こしらえることができる。同様に「低価格」は反転すれば「高いのは困る」になる。

解決策からニーズを導く発想だね。それを話し言葉で伝えるのだ。難しくないでしょ？

実践ポイント

- **従来の商品（または業界）に対する一般的な要望、不満、悩みを見込み客からの言葉のように語る。その際、メッセージを届けたい見込み客に合った内容にする。**
- **見込み客からの声を表現にする際、商品の訴求点（解決策）からどんなニーズがあるのか考える（低価格→高いのは困る）。**

売れる!
コピーの型

その22 必要性とその解決方法を示す

お手本コピー

計算を忘れたら、砂糖を思い出せ!

（砂糖を科学する会）

お手本コピーは砂糖の価値を啓蒙するべく研究活動している団体の広告から。砂糖に含まれるブドウ糖は脳のエネルギー源として機能するが、少量しか蓄積できないという。

つまり仕事や勉強で脳をフル活用していると、脳がエネルギーとしてブドウ糖

あの平賀源内も使っていた

諸説あるようだが、夏の土用丑の日にウナギを食するキャンペーンを考えたのは、江戸時代の学者であり作家、発明家でもあるマルチクリエイター、平賀源内だと言われている。

源内先生は、夏の暑さで客入りガタ落ちのウナギ屋に頼まれて、

土用の丑の日、鰻の日
食すれば夏負けすることなし

というコピーを考案。おかげでウナギ屋は大繁盛したという。

真偽のほどはさておいて、源内先生は　の手法はいまだに色あせていない。

元祖コピーライター&広告プランナーと言われるだけあって、菓子や歯磨き粉の引札（チラシのようなもの）のコピーを作っていたのは事実（その意味で先生と呼んでみたわけだ）。

このコピーを見てみると、「夏負けすること」という**見込み客の問題を示し、それが解決方法（ウナギを食べる）と結び付けられている**のがわかる。当時ウナギを夏に食べる習慣はなかったとされているから、このアイデアは見事なもの。そ

を欲しがるのである。速効性があるので効きがよく、摂取すると集中力や持続力が高まるとのこと。記憶力を活性化させたいときも砂糖が効果的ということで、先のコピーの表現になったわけだ。

問題解決型のメッセージを

砂糖の価値を啓蒙するコピーとしては、科学的に証明された客観的事実を伝えるアプローチも考えられる。役立つ知識を伝えるタイプの広告である。それにより必要性を感じさせることはできる。

だが、必要性を欲求へ高めたいときはどうするか。それにはコピーで**訴求したいこと**（砂糖は脳の働きを活性化する）と、**必要性**（砂糖が役に立つ具体例）を**結びつける**ことだ。

おそらく見込み客に脳力を高めたいという欲求はぼんやりとしかなく、おまけに砂糖が脳におよぼす影響については何も知らないという状況だろう。だから問題（＝必要性）を浮き上がらせ、その解決を示したい。

つまり**問題とその解決を示す**アプローチである。問題の部分はたとえば「脳が疲れたら」と言うより「計算を忘れたら」のほうが具体的だし、それだけにイメージしやすくなる。「計算」という言葉を選んだのは学生向けに届けたいからだ（このポスターが貼られた駅の近隣には小中学校、大学、予備校が点在していたし、コピーの口調から考えて）。

ところで砂糖を使った商品、黒アメのＣＭでこんなコピーがあった。同じアプローチだ。

あなたが考える時、
脳は糖分を欲している。
（春日井製菓）

と商品の必要性を示す。その解決策はナレーションによってこう伝えられる。

糖分たっぷり春日井の黒アメ

必要性と訴求したいことを結びつける表現、何となくイメージできる？

実践ポイント

- **●欲しくなるよう促すためには、ぼんやりとした必要性を具体的な問題（商品が解決できる）に変換して、欲求へと高めることが必要。**
- **●シンプルにコピーの中に必要性と訴求したいことを示す。いわゆる問題とその解決策を示すアプローチを行う。**

売れる!
コピーの型

その23 見込み客の了見を試してみる

お手本コピー

**ヘーベルハウスを
検討しないで、
3階を建てるあなたは
勇気のある人だ。**

（旭化成ホームズ）

軽く挑発するのはなぜ?

人は誰しもある部分に心の狭さを持っている。どこかでそれを自覚しながらも、他人に指摘されるとつい感情的な反応をしてしまう。本音を隠してでも、自分の懐の深さをアピールしたくなるものだ。了見が狭いなんて思われるほど我慢ならないことはない。

だから、営業マンや接客する店員は間違ってもお客へ「お客さま、その選択はセンスが悪いと思われかねませんが……」なんてことを言ったりしないし、感じさせたりはしない。

だが、**広告は時として見込み客を軽く挑発してくる**。一方的に言えるのをいいことに、相手の了見を試してくるのだ。誰かに直接言われるより腹は立たないが、核心を突かれるとつい感情が動く。自分は本当に了見の狭い人間か、**試してみようじゃないかと反発したくなる**のかもしれない。そしてコピーを読み進める……なんてシナリオだったりして。

お手本コピーはヘーベルハウスという住宅ブランドの広告からである。いきなり「あなたは勇気のある人」とほめ殺しのように挑発してくる。これを営業マンが直接お客に言えば、「失礼な!」と思われ出入り禁止をくらうかもしれない。

しかし、あなたは広告に見向きもしないで、さっさと素通りしようとする見込み客の気を引かなければいけない。

キャッチコピーの力でちょっと挑発して立ち止まらせたいのだ。誰でもいいわけではない。3階建て住宅を建てようとしている人だけでいいのだ。

それならば、「3階建てを建てたい方へ、へーベルハウスをご検討ください」でもいいではないかと思うだろう。だが商品には自信もある。もっと期待感を高めて広告を隅々まで見てほしいのだ。

感情的な反発を利用して…

そこで先ほどの表現。相手の了見を試すことにしたのだ。挑発するのだから、それにふさわしいだけの商品だと思わせたい。相手を試すようなことを言うことで、商品に対する自信を感じ取ってもらいたい、実は狭い見込み客の了見を刺激して、**自分に目を向けないと損するぞと**言っている。**感情的な反発の力を利用して誘い込むプラン**だ。

もし、あなたの商品に自信があれば相手の狭い（かもしれない）了見を突いてみよう。たとえば、「**この○○（商品名）を無視するなんて（あるいは選ばないなんて）なんてあなたはのんきな人だろう。**」

防災関連、保険商品だと、こんなアレンジもできる。客観的なデータでも示すことができれば、見込み客は自分の了見の狭さを素直に認め、謙虚な姿勢であなたの話を聞くかもしれない。「**自分だけは被害に遭わない、そう思っているあなたはたいした自信家だ。うらやましい。**」

そんな大それたことをお客に言えないと思うなら、次のようにちょっと表現を和らげよう。「あなた」という言葉を取り除き、目の前の客でなく、まるでよその誰かに言うように語りかけてみる。

> **省エネを経済性だけで語るのは、時代遅れです。**
> （積水ハウス）

……面と向かって「あなた」とは言ってないけど、つまりはあなたのことを「時代遅れ」呼ばわりして挑発してますね。

実践ポイント

- **見込み客の了見の狭さに挑戦し、軽く感情的な反発を誘う。**
- **ほめ殺しのような表現で逆説的に言うことで、商品の訴求点を際立てる。**

売れる!
コピーの型

その **24**

逆説を使って強調する

さて、言葉はどうだ。「急がば回れ」「失敗は成功の母」「不満は進歩の一歩」「負けるが勝ち」……熟語やことわざには、おなじみの逆説的な表現がたくさんありそうだ。

つまり**言葉における逆説もまた、意味を強調する上で大きな働きをする**のだ。当然広告のコピーだって同じ。

お手本コピー

時間とお金があり余って困っている方以外は、マンツーマンレッスンを。

(Gaba)

お手本コピーはマンツーマンレッスン専門の英会話スクールの広告からである。マンツーマンレッスンといえば、一般的に時間やお金に余裕のある人向けの学習法と思われているがそうではないとコピーは語る。ここでこの広告を見た人は、パラドックス表現のトラップに陥る。「急がば回れ」は理解できるが、なぜ金も時間もない人はマンツーマンレッスンなのか? よくわからない。

よくわからないから、脳はわかろうとする。この時点で見込み客はコピーによる、**パラドックスにからめとられる**。そ

塩キャラメル? ことわざ?

塩キャラメル、塩チョコレート。最初はどうかなー、美味しいのかなーと恐る恐る試してみた。本来の甘みを殺すのではないかと思ったのである。ところが、意外やうまい。塩のしょっぱさが甘みを引き立てる。まったく反対の性質のものを、ほどよいさじ加減で合わせることで、本来の持ち味がさらに生きてくるというわけだね。

まるで逆説というやつじゃないか。**真理に背いているようで、実は真理である**という説。塩キャラメルのうまさは、味覚のパラドックス(逆説)なのだろう。

の真理を知りたいために見込み客は、あなたの商品について書かれたコピーを読まされる。

よくわからないから わかりたい

ボディコピーを読むと、訴求したいポイントは次のとおり。4人のグループレッスンと、マンツーマンレッスンを比べた場合、英語を話す時間では、グループレッスンは4分の1、マンツーマンはその4倍。そのため、4倍のスピードで上達するというもの。

単純に**「コスト」の比較をせずに「質」の視点から**、スクールのアドバンテージを訴求しているのだ。「確かに1回当たりの単価は高いかもしれないが、会話量も時間も4倍、上達も4倍。どちらがお得?」と真理(?)を伝える。

切り口を変えることでマンツーマンのほうが、コストパフォーマンスが高いということに気づかせ、マンツーマンは高いという、ネガティブな印象をポジティブに変えるのだ。

この**判断する視点を変えるアプローチは、説得のテクニック。**物は言いよう、**光の当て方で印象は変わる。**「コスト」ではなく、「話す時間」「会話量」というスクールの得意な土俵に持って来ることで、訴求ポイントを際立たせているのである。

表現としてはちょっと頭を使うのでスラスラといかないかもしれないが、商品の働きや価値とは正反対の言葉や表現で意味を強調できないか試してみてね。

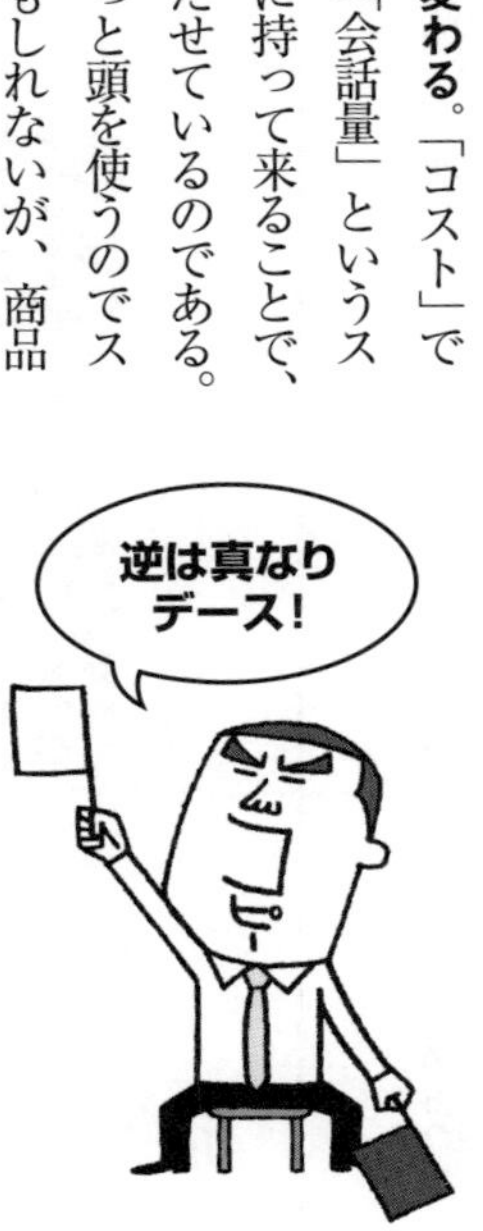

実践ポイント

- **商品の特長、価値を強調するために、反対の意味を持つ言葉や表現で伝える。**
- **アイデアが出ないときは、慣用句やことわざにヒントがある場合もあるので、ことわざ辞典などで使える表現を探してみる。**

売れる！
コピーの型

その25 データを出すときは理由も言う

お手本コピー

「P.Cを買うなら直販」という会社、62・5％。理由…必要なものだけを選べるから。

（デル）

そんな値段では信用できない

先日ハンコをネットショップで注文しようと検索、相場よりとても安いショップを見つけた。しかもキャンペーン価格とはいえ他店と比べ半分くらい。通常価格も他店と比べて安いのだ。

だが同時に不安にかられる。あんまり安いと質は大丈夫かと心配になったのだ。安物買いの銭失いというではないか。

それで気になってQ&Aコーナーを見てみたところ、やはりなんでこんなに安いのですかという質問があった。幸い安さの理由がきちんと説明され、真っ当な理由だったのでそこで初めて納得、そのお店で購入することにした。もし、安さの理由が説明されていなかったら、買ったかどうかわからない。**安くても高くても価格には理由があるのだ。**

お手本コピーは**客観的な評価や数値が入っている表現**だ。客観性があることで広告に信憑性が増すから、それだけ信じられやすい。この広告の場合、数字データが第三者によるものなので、広告主のデータよりは信用される。

確かにパソコンの購入は直販がいいということはわかった。だが、それだけでは不十分。**見込み客の欲望と商品の間に説得力という橋をかけなくてはいけない。**

それにはデータの理由が必要だ。なぜならそれは見込み客が享受できるメリットだからである。

データに頼るのは本末転倒

見込み客はデータが知りたいわけではなく、メリットが知りたいのだ。それには言いたいことでなく、知りたいことを言ってあげないと。

これは、データだけの話ではない。たとえば「**女性に売れてます！　その理由は○○○だから！**」「**○○○が評価されて、あの有名企業も採用。**」となぜ売れているのか、なぜオススメなのかという、**評価されている理由を言うことで、見込み客に初めてその商品の価値が伝わり、それによって説得力が増す**のだ。

ところで、※**人は高価格＝高品質と信じ込みがち**だが、安い価格の商品については企業努力をしてコストを削減して安くしたとプラス評価をせずに、品質が悪いから安いとマイナス評価をする傾向があるという。だからわざわざこんな広告を出すのだ。

> **高いから良い！という考えは、賢くありません。**
> （DHC）

それほど**先入観は強い**。だからあなたの商品がダントツに安い場合、安さを強調するときはきちんと説明責任を果たしたほうがいいよ。

plus one

※高価格＝高品質という先入観

ある宝石店で、売れないトルコ石を値引きして売ることに。オーナーは店員にそのトルコ石を1/2の価格、つまり半額にしてくれと指示を書いたメモを残して出かけた。オーナーが戻ってくるとトルコ石はすべて売り切れ。しかし売れたのは値引きしたからではない。実は店員がメモの字がひどかったので、1/2という文字を2と読み間違え、2倍の値段で売ったのだ。高価格だから高品質という先入観が、欲求のスイッチを入れたのだ。
（ロバート・B・チャルディーニ著「影響力の武器」より）

実践ポイント

- **見込み客は事実（データや売れ行き）よりも、その理由のほうが知りたい。それをコピーに入れると説得力が増す。**
- **安い価格の場合、人は先入観で品質に問題があると思い込む。安さの理由も広告に入れる。（ただし理由は正直に言う）**

売れる!
コピーの型

その**26**

賢い買い物であると優越感を持たせる

お手本コピー

ごめんなさい、DVDもビデオカメラも使わないビデオカメラで。

(ビクター)

優越感で欲望をあおられる

パソコンや携帯電話を買うときは、ある覚悟をしなければならない。それは欲しいときに買うことである。なぜか?それは頻繁にモデルチェンジしたりバージョンアップするからだ。

後2、3カ月ガマンをすれば、あの新機能も標準で搭載されるはずだと予測して、買いたい欲望を抑えながら待つ人もいるかもしれない。しかしやっぱりすぐに欲しい、と結局、欲望に負けて買ってしまうほうが多いかもしれない。僕もそうだ。

だが、買ってしばらくして同じ価格(場合によっては安い)で、バージョンアップしている新商品が店頭に並んでいるのを見たとき、わかっていてもどこか後悔してしまう。やっぱりちょっと待っておけばよかったなぁと。

そんな姿を尻目に、これから買う人はちょっと優越感にひたる。ああ、待ってよかったなぁと。

後悔と優越感のイタチゴッコが繰り返されるが、**広告がそれをあおりまくる**。

お手本コピーではいきなり「ごめんなさい」で始まるが、誰に謝っているのかといえば、この「エブリオ」というビデオカメラを買えない人に対してである。

なぜ謝っているかというと、その理由はボディコピーにこう書かれている。

「最近、他のビデオカメラを買った方がいらっしゃったら悪いな。これを読んで買い換えたくなっちゃったら大変だな、と思いまして初めに謝らせていただきました」

おかしな話である。すでに他のビデオカメラを買った、見込み客とはいえない者に対してなぜ広告まで出すのだろうか。それともボディコピーに書かれているように最近ビデオカメラを買った人に買い替えを促しているのだろうか。

優れていることを強調したいときに

実はこのアプローチも表現上のちょっとしたテクニックだ。コピーもこれから商品を買うかもしれない見込み客に向けてのメッセージ。商品に従来なかった新機能や働きが追加された場合、競合商品にはない優れた新機能や働きがある場合に時々使われる。たとえば次の携帯電話のニューモデルの広告のように。

> 最近、他社のＡＱＵＯＳケータイにしたみなさん、ごめんなさい。
> （ソフトバンク）

従来の商品や競合商品を上回る特長があることを強調するための表現である。

これもまた**見込み客に期待感を持たせて広告を読んでもらうための仕掛け**である。

また、同時にすでにこの商品を手に入れることで感じる、すでに従来の商品を買った**顧客へ優越感を抱かせたい**のである。**自分は賢い買い物をしたという消費者のマインドをちょっぴりくすぐってあげる**といった感じである。

つまり、こうしたコピーは最近、従来の商品や他社商品を買った人への謝罪や買い替え促進でなく、これから買おうと考えている見込み客へ届けたいのだ。

また、このビデオカメラはハードディスクドライブ内蔵という特長を「ＤＶＤもテープも使わない」という、やさしくわかりやすい表現にしているのもポイントだ。**ストレートに機能を言うのではなく、**それを見込み客へハードディスクドライブ内蔵がもたらす**メリットに言い換えている**。こうした気遣いはコピーの表現にとってとても大切。

実践ポイント

●従来の商品や競合商品を上回る特長があることを強調するときに、「すでに買った方へ、ごめんなさい」や「もう○○を買った人は読まないでください。後悔するかもしれませんから」など既存の商品購入者へちょっと悔しい思いをさせる。

●その際、「ごめんなさい、○○○することができて」「ごめんなさい、もう○○しなくていいケータイで」のように優れた機能や改善点をコピーに入れて欲求を高めることもできる。

売れる!
コピーの型

その27

知られていない事実を伝える

今日のネガティブは明日のポジティブ

商品の機能や働きは、そのときのトレンド、消費者のニーズ、商品のライフサイクルなどによって評価が変わる。必要性や欲求は常に変化にさらされると考えておいたほうがよい。

たとえばハンバーガー。おいしさと手軽さで親しまれてきたが、ヘルシーというトレンドに押され、ヘルシーなメニューを追加するなど品質の改善を行ってきた。ところが今度はヘルシーの反動で超ビッグサイズの高カロリーメニューがヒットした。ほかには、チョコレートやココアもそうだ。ポリフェノールというトレンドによって新しいニーズが生まれた。

そうした動きを見るにつけ、時として勝機は「逆サイド」にあると思う。サッカーの試合でも、サイドチェンジの判断が勝機を生むことがあるように。いずれにせよ、**今日はネガティブでも明日はポジティブになることも起こる（その反対も）**。そこで広告の出番だ。

お手本コピーの商品は「午後の紅茶」という息の長い紅茶飲料である。たぶん初めてだと思うが、ヘルシー志向という消費者ニーズを意識した、切り口（着色料は不使用）から商品を語ってきた。「午後の紅茶」のミルクティーでも、同じように消費者の誤解（ミルク成分入り＝高脂肪?）を解くようにこのように語っている。

お手本コピー

新発見。
実は無着色、
午後の紅茶（レモンティー）

（キリンビバレッジ）

新発見。
ゴクゴク飲めて低脂肪、
午後の紅茶（ミルクティー）

ニーズに合わせ光の当て方を変える

お手本コピーでは、おなじみの商品のわりには**知られていない**、あるいは**先入観による誤解を受けている、商品を買いにくくしている（であろう）理由**について伝えている。

つまり「実は誤解されているようですが、本当はこうなんです」と見込み客の不安を解消しようとしているのだ。

そうしたアプローチは、飲料という商品に期待される、そのときの消費者の欲求とおおいに関係する。たとえば、さらにおいしくなりましたと味覚を強調したところで、その欲求が低いものであれば見込み客は関心を示さないだろう。

また、「新発見」という新しさを表現する（人は新しいものに興味を示す）言葉を使っているが、**その情報が耳寄りなニュースであることを強調している**。

あなたの商品が新商品であれ、ロングセラーであれ、**機能や働きについて間違ったイメージや誤解されている事実はないだろうか**。世の中のニーズやトレンドに関係することで、もし商品の魅力になるようなものであれば、実は～と言わないと損するかもしれない。

また従来の機能や働きの中で、世の中のニーズやトレンド（たとえばヘルシー、エコ、国産、成分など）にマッチしたものはないだろうか。**新しい面にスポットライトを当てる**ことで商品は新しい輝きを放つかもしれない。たとえばエコという視点で列車の貨物サービスを見れば、クルマよりCO_2排出が少ないから環境にいい輸送手段という新しいアプローチが可能になる。時には機能や働きの棚卸しを。

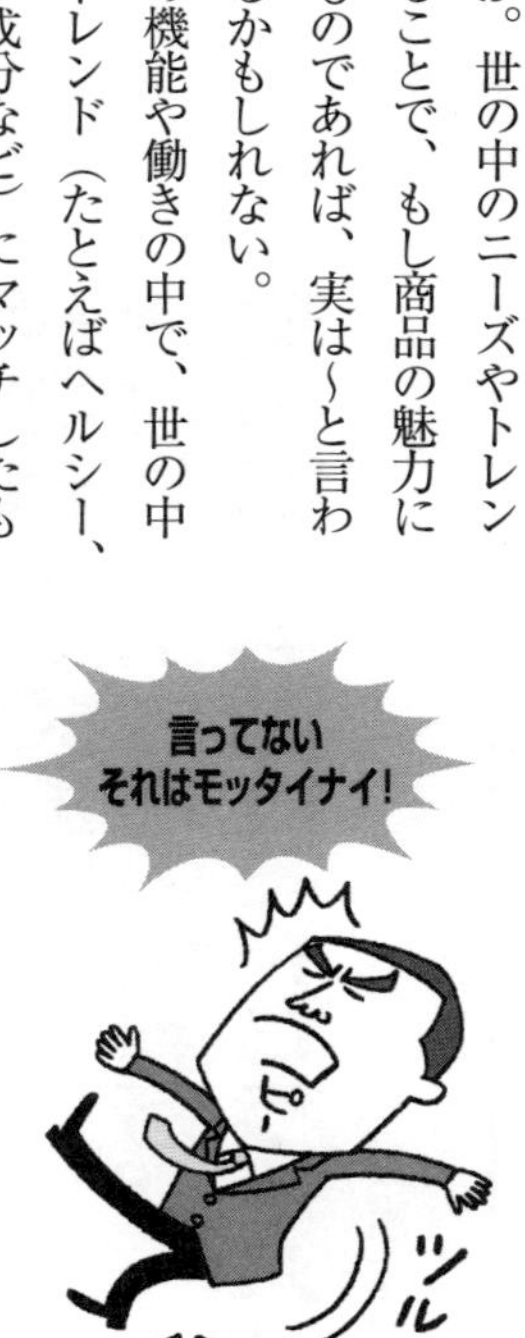

実践ポイント

- **従来の機能や働きの中で、時代のニーズやトレンドに有利なものがあれば、「新事実」「新発見」と強調して伝える。**
- **誤解を受けている点（見込み客が買わない理由）についても、それが誤ったものであれば、誤解を正し、不安を解消する。**

売れる!
コピーの型

その28 たとえを使ってメリットを強調する

お手本コピー

世界最小の設置面積。ささやき声ほどの稼動音。図書館にも置けるPCサーバ。（富士通）

比ゆ力でイメージをくっきりと

話のおもしろい人や文章のおもしろい人に共通しているのは、臨場感のある描写力だ。聞き手のイマジネーションを刺激し、イメージを鮮明にしてくれる。

そうした表現によく使われているのが絶妙なたとえ、比ゆ力である。だが巧みな比ゆというのは、文章術の中でもなかなか難しいものである。スラスラ出てくるものではない。

だが、巧みな表現は無理でも、わかりやすい比ゆであれば、ちょっと頭を使うが、なんとかなるかもしれない。そんな比ゆなら「まばたきするくらい速かった」「血のように赤い」「卵が腐ったような臭い」なんて、案外あなたも日常会話で使っていませんか？

難しく考えることはない。お米1kgはお茶碗何杯分とか、どれくらい静かであるかと言うとそばで眠っている赤ちゃんが気付かないほどという風に、「どれくらい大きい」「どれくらい速い」など「どれ」を見つけて、たとえればいいのだ。

コピーで伝えたい見込み客は文学評論家ではないのだから、わかりやすい「どれ」でOK。

お手本コピーでは、稼動音の静かさを「ささやき声」と表現。静かさのレベルが**鮮明にイメージされる**。これが何デシベルなどと単位で語られても専門家以外はわからない。

また、図書館（静粛が求められる空間）にも置けるという表現も、商品の特長である静かさと小ささがどれくらいのもののなのかをわかりやすくしてくれる。

表現は会話や小説からいただく

静かさを伝えるのに、有名なロールスロイスの広告は次のように語っている。

> **時速60マイル。新しいロールスロイスの車内で聞こえる一番大きな音は電気時計の音です。**

始めからこう巧みに言うのは無理かもしれない。まずはわかりやすく具体的に伝えよう。**見込み客の想像力を広げてあげればいいのだ。**次のレインコートスーツのコピーのように。

> バケツをひっくり返したような雨にも濡れない！
> （東レ・エントラント）

雨の激しさを「バケツをひっくり返したような」と具体的に表現することで「激しい」「すごい」「豪雨」なんて言われるより、そのレベルははるかにわかりやすくなり、それにより商品が優れていることがよく伝わる。

こうした表現は「どんな雨？」「激しい雨」「降る量が激しいのか？強さが激しいのか？」「ザーッという感じ」……と**自らを質問攻めにして考えるか、商品を実際に自分で使ったときの感想、顧客の声から探す**こともできる。

しかし、表現の語彙を強化するには、日ごろから会話や小説やエッセイ、映画、雑誌の記事や見出しから、使えそうな表現を抜き出して書き写しておくなど地道な努力が必要だ。とりわけあなたがもっと売れるコピーを書けるようになりたいなら、それは必要である。

実践ポイント

- **商品のメリットを「～のような」「～くらい」というたとえを使って強調し、見込み客が想像しやすいよう導く。**
- **たとえる言葉は、よりイメージが鮮明になる、メリットが引き立つなど、メリットのレベルを強調する言葉がふさわしい。**

売れる!
コピーの型

その29 比較対象を引用して説得する

お手本コピー

飲水は気にするのに毎日のお風呂は無関心?

（セコムアルファ）

スジが通っていると納得?

スジが通った話は説得力がある。たとえ少々無理があっても、極端であってもだ。あるいは客観的な証拠がなかったとしてもだ。

Aという国で作られた農産物は品質がよくない。そんな国で作られている自動車も当然品質に問題があるはずだ。こんな単なる先入観で言っている話、まるで飲み屋での会話のようだが、比較する対象や焦点の持っていき方によって、妙に説得力がある場合もある。

正しく言えば、それはスジが通っている話というよりも、一見スジが通っているかのような話なのだろう。だが、広告のコピーにもそうした表現はよく顔を出す。

冷静に考えれば、矛盾があったり客観性や論理性に欠ける表現でも、なぜかコピーを読んだ瞬間はそのスジとやらに納得してしまうから不思議だ。**一貫性があれば、あるいはあると感じれば、信じてしまう**傾向が僕らにはあるということ。コピーに使われるのも無理はない。

お手本コピーは風呂用浄水器の広告からである。確かにこう言われると気になる。その原因は引き合いに出している飲み水という比較対象である。ほとんどの人が、安心や安全のために飲み水にお金を出す今、同じカラダに入っていく風呂の水にはむとんちゃくでいいのかという問題を投げかけているのだ。

風呂で使う水も、飲み水と同じように気を使うべきでは?と、**飲み水を引き合いに出すことで、説得力を出し、商品の必要性を高めようとしている**わけだ。「お風呂の水にも安心を」なんて言われるよりは強い。

引き合いに出す対象選びが大切

お手本コピーについては、客観性などその信憑性について、追求すればできそうな話だが、**引き合いに出した対象のおかげで、気分的にはスジが通っているように思い込んでしまう強さがある。**風呂の水も気にしなくてはいけないかもと思わせるのだ。その先を知りたい……と。こうして見込み客はキャッチされるのだ。

　こうした表現は、説得力をつけるためのレトリックであるが、ほかの商品でもいろいろと応用できる。たとえば、国産材料しか使っていないちょっと高めの価格の漬け物の場合、こんな風に言える。

「**野菜は国産しか選ばないのに、漬け物は無関心？**」

　この場合、野菜を引き合いに出して、商品選びの基準に気付かせるというアプローチ。これなら高くても買ってしまうかもしれない。漬け物でなくても、ジュースでもスープでもサプリメントでもいいが、こだわりのある商品にも使える。他にも「**オフィスでは省エネにうるさいのに家のエアコンはいいの？**」

　なんていろいろ考えられる。実際のビールの広告ではこんな使い方が。

> 野菜を選ぶとき、
> 誰が、どんなふうにつくったか、
> 気にする人が増えています。
> ビールは、どうですか？
> （サッポロビール）

　この場合は、ビール作りは素材の品質から重視しているという訴求点を、野菜を引き合いに出して、一般的な常識のように語り、ビール（商品）も同じですよねと問いかけ納得させようとしている。**スジが通っていると思わせるには、引き合いに出す対象選びがポイントだ。**

実践ポイント

- **説得力を出すために、商品と共通項を持つ比較対象を引き合いに出して問いかける。**
- **共通項とは、同じ素材を使っている、同じ使い方をしている、同じ種類であるなど。**

売れる! コピーの型

その30 比べることで良さを強調する

感情に左右される買い物心理

買い物をするとき、いざ買おうという段階になって、急に冷静になることがある。「これ、本当に欲しかったんだっけ」とか「あっちの店のほうが安いかもしれない、後で決めよう」とか、急にぐらついたりすることありませんか？

　他にも売り場で他の商品が目に入り、お目当てのものと違う商品を買ってしまったりと……買い物時の心の動きは感情まかせになることが多い。

　さらに、買った後なぜか冷静になって、買ったことを後悔しそうになる。「これは無駄遣いではなかろうか」と。そんなときは、往々にして自分を正当化するものだ。間違った買い物などしていないと自分に言い聞かせるのだ。曰く「自分にご褒美」だとか「自分に投資」だとか言い訳をして納得させるのだ。

　ダイレクトマーケティングの第一人者、ジョセフ・シュガーマンは買い物とその心理について、「**人は感覚で買い物をし、その買い物を理屈で納得する**」と言っている。見込み客はアドバイスを求めている？

お手本コピー

年月と共に、ただ古くなっていく車か、ビンテージとして愛されていく車か？
Golfという価値。

（フォルクスワーゲン ゴルフ）

コントラストをくっきりさせる

最後に「Ｇｏｌｆという価値」とあるように、商品の価値に気付かせるというのがお手本コピーのコツ。とても基本的なことだ。それが差別化できるポイントとなったり、購買を決定する決め手になったりするのだ。ただ、それだけなら**「その車はビンテージとして愛されていく車か？」**でもいい。

しかし、ビンテージとして愛されていく車という価値は、一体どれほどのものなのかをよくわかってもらわなければいけない。すぐわからなければ見込み客はあなたの商品の広告から離脱してしまうだろう。**イメージしにくいコピーはとてもマイナス**だ。

そこで、「ビンテージとして愛されていく」価値に対する、「ただ古くなっていく」という**反対のイメージを示すことで訴求したいことが強調され、見込み客の中でくっきりとする**のだ。

このようなコピーは、果たしてこの商品を選んでいいものか決めかねている状態のときに効果的だ。背中を押すダメ押しのフレーズという感じ。何かいい買い物をしているという優越感さえ感じさせてくれる。同じ比較による訴求というアプローチにこんな表現もある。

> 展示会のモデルハウスは、素敵です。
> 街かどの制約の多い敷地に建てても
> 素敵ですか。
> （旭化成ホームズ）

自社のモデルハウス（街かどの制約の多い敷地に建てる）を強調するために、他社のモデルハウスと比べている。これをゴルフのコピー風にすると、「**買ったばかりのときは素敵です。年月がたっても素敵なままですか？**」

という感じになるだろう。このように**比較させることでコントラストをつけると、商品の一番の売りがはっきりとし、その商品がいかに優れているか、見込み客へ伝えやすくなるのだ。**

実践ポイント

- **商品の特長をわかりやすくするために、意味や性質が反対の対象と言葉を一緒に比較して伝える。**
- **「〜ですか」と見込み客に比較してもらうような語り口にする。**

売れる！ コピーの型 その31

商品を手に入れない未来を予言する

買ってね！とは言えないので

言ってみれば、コピーは変装の名人である。そのまま「いい商品ですよ、買ってください。」と言って買ってもらえればいいのだが、そう簡単にいかない（昔、「ベンザエースを買ってください」というコピーがありましたが）。

そのため「買ってください」というホンネをぐっとこらえ、さまざまな役を演じて近づいてくる。真理を説く第三者、親切なアドバイザー、物知りな学者、気付きを与えてくれる哲学者、もうひとりの自分であったりとそれはもういろいろ。

なかでも、「予言者」に変装してくるときは無視できない。なにせ自分の未来を言うのである。ちょっと怖いことを言われたときには気にせずにはいられない。不安になるから解決策を知りたくなる。予言者はちゃんと教えてくれる。

お手本コピー

定年を迎えるころ、住宅も定年を迎える。これでは豊かな老後は望めない。

（旭化成ホームズ）

教えどおりの場所に行ってみると、そこには店員がおり「これがあなたの不安を解消します。売ってあげます」と教えてくれる。よく見るとその店員は、さっきの予言者であった。

お手本コピーの商品〈ロングライフ住宅〉は、長持ちがして資産性の高い住宅である。まるで見込み客の未来を予言するような言いようであるが、示されているのは**商品を入れない場合の（怖い）未来**だ。

ポジ・ネガ、ふたつのアプローチから

商品の価値を伝える際、おおまかにふたつのアプローチがある。ひとつは、**その商品を手に入れることで得られる良いことを言うことと**、もうひとつは**その商品を手に入れないことのデメリットやリスクを言うこと**である。

お手本コピーでは、商品を手に入れない場合の未来を「**これでは豊かな老後は望めない。**」と**※ネガティブな表現で語っている。**

ところで、この広告には最後のほうに、見込み客の不安を解消する方法がこんなコピーで告げられている（問題〈不安〉と解決を示すという型だね）。

> ロングライフ住宅ということ。30年の住宅ローンが終わった後も、まだ資産価値が十分残っている家であること。

予言者風に言えば、この商品があなたを助けてくれるでしょうという感じだ。ポジティブに伝えるか、ネガティブに伝えるかで表現も変わってくるというお手本である。

ポジティブかネガティブか、どちらが効果的なのかについては商品によって異なる。強く必要性を感じさせる商品はネガティブ、もっとベターにする商品はポジティブのほうが良いなどの定説はある。しかしこれはテストを行ってみないとわからない。

ともあれ、こうした手法においては**未来を予測して見込み客の想像を補助し、鮮明にしてあげることが大切だ。**

plus one

※ネガティブな表現には気を付けて

アメリカの大学で恐怖の強い広告と弱い広告を作って購買意欲について調査したところ、恐怖の弱い広告のほうが、購買意欲が継続したという。強い恐怖の場合は、怖いので記憶するのが苦痛で、早く忘れたいという心理が働いたのが理由らしい。見込み客をあまり不安に陥れるなということのようだ。（内藤誼人著『深層心理で売る技術』より）

実践ポイント

- **●商品を手に入れないと、どんなリスクが待ち受けているか、見込み客の未来を示す。**
- **●反対に手に入れることで享受できるメリットを伝えるアプローチがある。**

売れる!

コピーの型

その**32**

自分のことを言っていると思わせる

お手本コピー

会社のシステムにはずいぶん投資しているのに、効果があまり実感できないというあなたへ。

（NTTデータ）

パーソナル・タッチで語る

50年以上も前にアメリカで書かれた『手紙の書き方』というノウハウ本では、セールスレター（ダイレクトメールに同封する手紙）を書く際、まず個条書きにすべきポイントが述べられている。

中味をかいつまんで紹介すると、**①手紙を書く目的**（相手に何をしてほしいか）**②誰に向けて書くか**（性別、年齢、職業など）**③相手にどんな利益が与えられるか**　**④どんな抵抗が予想されるか**……当たり前だけど、セールスレターも広告のコピーも同じだね。

ところで、表現に関してセールスレターでは、**パーソナル・タッチで語るべき**ということがよく言われている。つまりあなただけに語る感じ。たとえ10万通に同じことが書かれていても、見込み客は一人で読む。そのため、**一対一の関係を意識して書くこと**が必要だ。そこが広告と違うというが、そんなことはない。広告のコピーでも見込み客だけに語っていると感じさせることは必要だ。

ちょっと乱暴な言い方だが、広告はすべての人でなく、**商品を買ってもらいたい人に届けばいい**と思う。たとえテレビや新聞といったマス媒体を使った広告でもだ。商品について広く告げても、肝心なのは個人へ届けること。**広告ではなく「個告」**というイメージ。

あなたが商品情報を届けるのは、あな

たの商品を手に入れることでメリットを享受できる人である。それ以外の人からは無視されてもかまわない。つまり、これは**私のためのメッセージだと思わせなくてはいけない**。

買ってほしい人から考える

そこで買ってほしい見込み客からコピーを考えるという発想だ。もしあなたの商品が女性の問題を解決するなら「**女性の方へ**」と言う書き出しがいい。30代の女性なら「**30代の女性へ**」と、働く30代の女性の問題を解決するなら「**働く30代の女性へ**」と書く。

こうした**見込み客のプロフィールから絞り込んでいく**発想の他にも、**見込み客の問題（悩みや不安など）から考える**ことだってできる。お手本のコピーはそのタイプ。システム投資の効果に疑問を持っている見込み客である。

もし、あなたの商品が労力や時間の効率化というメリットをもたらすのであれば、「**なんとか時間も労力をかけないで実現できないものかと悩む方へ。**」と具体的に問題を示してあげればいい。それ以外の人は目もくれないが、該当する人は無視できず広告の先を読みたくなる。

さらにパーソナルタッチをしよう。よく使われるのが「**あなた**」**という言葉で**、当事者意識を持たせることができる。たとえばこのコピーのように。

あなたの退職金は
14年で底をつくかもしれない？
（新生銀行）

前項で述べた、商品を手に入れないと予想されるリスクを予言するというアプローチだが、ここでも「**あなたの**」**という言葉がパーソナルタッチを強める**。もし、「**退職金は14年で底をつくかもしれない？**」と「あなたの」が抜けると、他人事のような印象になってしまう。それだけ「あなた」は強い。

実践ポイント

- **「～の女性の方へ」「～でお悩みの方へ」商品を買ってほしい見込み客のプロフィールや抱えている問題をコピーに示す。**
- **「～と悩むあなたへ」「～というあなた」「あなたの～」とパーソナルタッチを強める言葉で、見込み客を引きつける。**

売れる！
コピーの型
その **33**

精神的な満足を強調する

見込み客の想像を広げる

よくコピーではメリットを伝えよと言う。商品にはさまざまな機能があり、見込み客の問題を解決したり、満足を高めたりするものだから。

しかし、自分のことを振り返って考えてほしいが、見込み客は商品の機能や働きを理解することができても、それがどのように精神的に満足させてくれるか想像できないものである。「ああ、便利そうだ」で終わってしまうことも少なくない。精神的な満足に気付かせることで、商品の必要性や欲求を高めるというのもコピーのアプローチのひとつである。

たとえば高級ブランド時計。時計としての機能や働きが優れている。デザインや素材が素晴らしい。高価である……などの特長がある。その時計は時計としてピントは合っているだろうが、成功者のステータスとして優越感を感じさせることもできるかもしれない。あなたの商品、その機能や働きはどう見込み客を満足させるか。

お手本コピーは「フェイスキャッチテクノロジー」というデジカメ技術の広告から。自動的に人の顔を瞬時に検出して、ピントと露出を最適化するおりこうさんな技術である。つまりどのような働きをするかというと顔がきれいに、あるいはきちんと撮影できるということだ。

この場合、自動的に顔にピントを合わせるから、**誰でもきれいに撮影できる**という物理的なアプローチと、きれいに撮れるから、顔がきれいに撮れるから**写真が楽しくなる**という精神的なアプローチからの訴求が考えられる。

お手本コピー

顔がきちんと撮れると、写真は楽しい。

（キヤノン）

当時、まだ新しい機能だったのだろう。まずはその技術が、どのようなメリットをもたらしてくれるのか、精神的な満足感をわかりやすく訴求している。

顔がきちんときれいに撮影できるということは、失敗せずに撮影できる、それも簡単に誰でも撮影できる。そうなると**見込み客は精神的にどう感じるのかどう満足するのかと考える**といい。たぶん「楽しい」とか「うれしい」とか満足を示す言葉が出てくるだろう。そこをコピーでクローズアップするのだ。

一歩踏み込んで想像する

大切にしたいのは、商品を使う見込み客がどのように満足するか、**想像の幅を伸ばす、あるいは広げることである。**「顔がきちんと撮れます」で終わらずに、**その先までもう一歩踏み込んで、**写真撮影がどうなるのかを考える。そして見込み客の視点で語ってあげると、相手は商品を手にすることでもたらされるメリットがイメージしやすくなる。そこで初めて、必要性や欲求は生まれてくるのだ。

それは、つまり商品の価値を考えることでもある。**商品の機能や働きを分析して、それがどのようなメリットを生むのか、物理面や精神面から考える**クセが必要だ。広告の表現もそうだが、ネーミングの開発でも役に立ってくる。

ところで、同じ「フェイスキャッチテクノロジー」の広告では、次のようなコピーもある。

人が撮りたいのは、人の顔。

これは機能の働きを、やはりユーザー視点で語っている。何気ない表現だけど、ちょっと慣れていないと難しいかもしれない。そんなときは、「**人の顔はきちんと撮りたい**」というような、ストレートな表現でもいい。

実践ポイント

- **商品のそれぞれの機能や働きが、見込み客にどんなメリットをもたらすかを分析する。**
- **精神的な面でどう満足するかを伝えると、商品価値がイメージしやすくなる。**

売れる!
コピーの型

その34 意味付けをして価値を強める

動物園とは命を伝える場所である、と意味付けする（あるいは本質を言う）ことで、動物園の価値は強調されるし、観客に気付きを与えてくれる。

不思議なもので**意味付けすることで、その価値まで高まるような印象を受けてしまう**。これが言葉のおもしろいところだろう。そして、それは広告のコピーの得意技でもある。

さてお手本コピーを見てみよう。この〈超割〉という割引切符の広告が出たのが、卒業旅行シーズン間近の時期である。青空の下、広々とした草原で乗馬を楽しむ3人の女性のイラストがビジュアルで、〈超割〉が使える搭乗期間が3月の始め。とすると、思い浮かぶのは卒業旅行であり、そのシーズンのタイミングに合わせたメッセージというのは簡単にわかる。

お手本コピー

それぞれの道へと歩みだす前に、みんなでいっしょに旅へ出よう。

（ANA）

言葉で価値が変わる?

旭山動物園を一躍人気にしたのは、「行動展示」という動物の見せ方であった。動物園の観客目線で考えるならば、その特長は動物本来の生態や生き生きとした姿を見ることができること。画一的なオリとコンクリートに囲まれた展示に比べ、見ていても飽きないから楽しい。

しかし、旭山動物園が行動展示をしたのは、観客を楽しませるためだけでないという。その根底にあったのは「命を伝えること」。行動展示とは、動物たちの命の在りようを伝えるための最善の方法であるということだ。

価値や本質をよく理解する

お手本コピーでは、卒業旅行のために使ってください、と**買う理由を提案している**。動機付けをしたいのであれば、こう回りくどい言い方ではなく、ストレートに「卒業旅行は超割がお得！」といえば済む話ではある。

卒業旅行に行くことを考えている見込み客ならば、メリットを強調した訴求でもいいだろう。だが、**このコピーではメリットではなく、卒業旅行そのものの価値を掘り下げて強調している。**

たとえば「**それぞれの道へと歩みだす前に**」という表現は時間的、あるいは機会としての希少性を強調しているが、そのことが卒業旅行の価値を高めることにつながる。

それによって、卒業旅行に行く**意欲が低かった見込み客の欲求を高める**ことに機能することが予想される。しかも「**みんなでいっしょに旅へ**」という提案なので単価の上昇も狙えるのだ。

このように**商品の価値を掘り下げたり、意味付けしたりして、価値あるいはイメージを強調するというアプローチは見込み客の欲求を高める**のに期待できる。

お手本をもうひとつ。キャットフードのコピーだ。

> 飼うというより、一緒に生きている。
> （いなばペットフード）

この場合でも、同じように商品の必要性が「飼う」から「一緒に生きている」と意味付けされている。それにともなって見込み客の欲求も高くなる。エサにも気を付けなければと、ペットへの思いやりも高まりませんか？

こうしたアプローチはなかなかスラスラと出てこないものだが、**商品の価値や商品そのものの本質を見出し、理解して、情緒的に意味付けしたり、他の言い方や言葉に置き換えたりすること**で発想できるはず。トライしてみましょ。

実践ポイント

- **商品の価値や本質を深く掘り下げ、意味付けするなど強調をして見込み客の必要性や欲求を高める。**
- **意味付けするには、情緒的に訴える表現や、他の言い方や言葉へ置き換えて考える（ちょっと頭使いますよ）。**

売れる!
コピーの型
その35

なぜ必要なのか理由を語る

お手本コピー

こどもがケータイを使うとき、親はいつもとなりにいられないから。

（ＮＴＴドコモ）

「なぜなら～」を探る

あなたの商品は、なぜ生まれたのだろうか。どんな理由から、その機能や働きが開発されたのか。コピーのヒントもそこにある。

「なぜ、この商品にはこんな機能や働きがあるのか」「なぜ、この商品のコンセプトは○○○なのか」という質問から、「なぜならこんな理由で～」「こんなニーズで」を導くことは、**見込み客の必要性や必要となるシーン（＝なぜなら～の部分）がどんなものなのか**を探るのに最適な質問だ。商品の特長が見込み客のどういった欲望と結びつくのかを、分析する時にも役立つ。

「なぜなら～」を具体的にコピーで示すことができたら、いわば広告は見込み客の仲間となる。同じ**消費者目線で商品への必要性を語れば、共感を得やすい。**

コピーの型その1「〈不〉の状況に焦点を当てる」という型のバリエーションだが、ポイントは必要な理由に焦点を絞っている点である。

お手本コピーは未成年を対象にした携帯電話のアクセス制限サービスの広告からである。コピーでは商品がなぜ必要なのかが見込み客の視点で語られている。

僕たちは普段、何かしら問題を抱えていても、**プライオリティの低いことに関しては、必要性も欲求も眠らせたままである。ボーッとうわの空状態**なのだ。そんな見込み客の心をノックしなければいけない。たとえあなたの商品がわかりやすいものだとしても、必ずしも見込み客が気付くとは限らない。

　そのため、**ボーっとした見込み客に「この商品が必要なのでは」と気付かせなくてはいけない**。それにはあなたの商品がなぜ必要なのか語ることである。「なるほど、言うとおりだ」「必要だな」と思わせるのだ。

「～だから必要」をいろいろ考える

　この商品は、携帯電話のアクセス制限サービスである。なぜ必要なのか考えてみる。有害サイトから子供を守りたいから、子供が携帯電話使用時に監視しなくてもいいから……などと、**「～だから必要」な理由をいろいろと挙げてみる**。そして見込み客の側から語ってみよう。

　インパクトを出そうと、「あなたの子供のケータイが狙われている」なんて、ちょっと脅すようなコピーも考えられるが、それでは携帯電話の否定になりかねない。ビジネス上マイナスになるかもしれない。それなら脅して不安にさせるより、共感させるほうがいい。

　コピーは商品の性質や内容をよく考えて使いたい。効果的なテクニックであっても、ふさわしくないものもあるのでご注意を。

　理由を挙げて商品の必要性を高める「～だから」スタイルのコピーは旅行関連でも使われている。


大人は、とっても長いから。

（JR東日本）


　他にも「～だから」という言い方はしていないが、同じような切り口で商品の理由を、具体的にちょっとユーモラスに表現しているのが次のコピー。


同窓会の通知がきた！

きれいにならなくちゃ。

（グリコ乳業）


　難しいアプローチではないので、アイデアに困ったときにやってみては。

実践ポイント

●商品、あるいはその機能や働きが、必要とされる理由、必要とされるシーンを抽出する。
●「～したいから」「～できないから」など「～から」という表現で、商品の必要性を見込み客視点や第三者視点で語る。

売れる！
コピーの型
その36

ライバルが言っていないことを言う

お手本コピー

ネットとの株取引は、意外と遠回りなんです。コスモ証券のネットトレなら、口座を即日開設。

（コスモ証券）

言ったもの勝ちという発想で。

差別化せよ。商品の開発から販売戦略、広告のアイデアやコピーにいたるまで、この命題にしばしば頭を悩ます。ライバル商品と違うことを伝えよ！　ということである。しかし、差別化するポイントが、圧倒的に優位であればいいが、そういうケースはまれである。

実情は、**差別化ポイントはあるにせよ、他を大きく引き離すほどのことはないというのが大半**だろう。そして、差別化をするためにあなたもコピーライターも懸命になって、ささいな差別化をほじくり返そうと躍起になる。挙句の果てにこれじゃ差別化できない！と涙目になってしまうのだ。

だがガッカリすることはない。客観的に見た差別化ポイントはないし、あってもわずかな違いだからといって差別化できないわけではない。**客観的でなければ、主観的でいいじゃないか**、と腹をくくればいいのだ。

そこで**言ったもの勝ちというアプローチ**である。見込み客をだますのか？　いやいや正直に真実を述べるのである。

このお手本コピーの広告が出た当時、口座の即日開設を行っているのはコスモ証券のみではなかった。多少の違いはあるにせよ、即日開設は他社でも行っていた。つまり、口座の即日開設は客観的に見て、同社の差別化ポイントとは言えない。しかし、同時期に僕が見た証券会社の広告の中で口座の即日開設を訴求してるものはなかったと思う（競合全社チェックしたわけではないが）。

このコピーでは**商品情報を正直に訴求しているだけ**である。**差別化ポイントではないが、優れているよと。**

良い商品だと納得させればOK

広告界の巨人、デビッド・オグルビーは、たいていのコピーライターは扱っているブランドが他のいくつかとそっくりだという都合の悪い事実に直面すると、すべてのブランドに共通することを伝えても意味がないと思い、**さして魅力的でない差別化を並べることに終始してしまう**と注意を促している（僕も同じことを経験していました）。

あなたも広告制作者たちも、差別化という強迫観念に取り付かれているかもしれない。

オグルビーは言う。「自社の製品を**確かに良い品だと納得させれば十分なのである**」。あなたの見込み客は、あなたの商品が他社とどう違うかより、優れた商品なのかどうかを知りたいのだ。

他社が訴求していなければ、口座を即日開設できることを言えばいいのだ。言ったもの勝ちである。他の商品と同じような特徴でも、**他が訴求していなければ、それを伝えること自体が、差別化戦略になる**のだ（主観的であるが）。

※「**マーケティングとは商品の戦いでなく、知覚の戦いである**」と有名なマーケティングの専門家アル・ライズ&ジャック・トラウトは言っている。客観的に言えば、その事実は差別化できるポイントではないが、**見込み客にその事実をいち早く認識させることができれば、見込み客は、その事実を他との差別化ポイントと捉える**のである。**他社と比べずに、自分の良いところを探そうよ。**

plus one

※マーケティングは商品でなく知覚の戦い？

アル・ライズ&ジャック・トラウト著『マーケティング22の法則』（東急エージェンシー）によると、マーケティングの世界に存在するのは、ただ顧客や見込み客の心の中にある知覚だけだという。客観的な事実は幻想であり、あらゆる事実は相対的だと述べている。同著では、「一番手の法則」「カテゴリーの法則」など22の法則が紹介されている。

実践ポイント

- **商品のどこが優れているか、その事実を抽出して、他が訴求していないことを言う。**
- **圧倒的な差別化ポイントがなくても、あなたの商品が優れていることを見込み客へいち早く刷り込むことに重点を置く。**

売れる!
コピーの型

その**37**

わかりやすく圧縮して訴求する

お手本コピー

災害対策、入ってます。

（NTTドコモ）

たとえばイチローのように

広告にはスピードが求められる。見込み客へ伝えるスピード、訴求したいことを理解させるスピード、関心を起こさせるスピード。

だから当然コピーにもスピードが求められる。言っていることが、たとえ正しい日本語や流麗な文章で伝えられてもそこにスピードがなければ、伝わる前にどこかに去ってしまう。イチロー選手のようなレーザービームと呼ばれる捕殺のような**正確で強く速い表現が必要**なのだ。

それには**高速で伝わる言葉が必要**だ。訴求したいことを「要するに」「簡単にいうと」「わかりやすく例えるなら」という風に発想する、言葉の置き換えはよく行われるが、高速力を出すためには、**短くわかりやすい**という条件がそこに加わる。

それには語彙力、語彙の変換力、まとめる能力など必要だが、難しい表現は必要ない。あなたの見込み客がわかるような表現でOK。いつも目や耳にする言葉でかまわない。

このお手本コピー、わずか10文字という短さ。そしてわかりやすさ。読むというよりロゴマークのように目に飛び込んでくる。商品は携帯電話向けのサービスで、災害時の備えになる取り組みやサービスを「災害対策」というわかりやすい言葉で表現している。

簡単な言葉で短く

まず商品の価値や特長を把握したら、その次に**内容を圧縮して言い換える**とどういう言葉になるか、自らに質問しながら出てくる言葉を書き出していくしかない。商品によっては顧客の声からも拾うことができるだろう。

短く表現するというのは、文字数の制約があるネットのテキスト広告や新聞、雑誌の小スペースに出稿する際に必要になってくる。たぶん机にほおづえをついても思い浮かばない。**国語辞典、類語辞典、類似商品の広告やパンフレットなどを総動員**してしぼり出すことが必要だ。

だが、難しく考えない。たとえば、素材メーカーが旅客機の軽量化に貢献しているということを伝える広告ではこんなコピーで表している。軽くするということは、つまりダイエットですね。

> **飛行機をダイエットするのも、東レの仕事です。**
> （東レ）

言葉によるスピードアップは、理解力以外に、サッと好奇心を起こさせることにも機能する。

> **ボーズは、コンサートホールの宅配を開始しました。**
> （ボーズ）

このボーズのコピーは使っている言葉や表現は単純で簡単だが、想像しづらい。それだけに知りたいという興味を引くことができるのだ。**広告を読ませるアクションもスピーディに起こさせよう。**「**コンサートホールの宅配**」なんて、一見わかりやすいようだが、常識で考えれば想像できない。その意外性で関心を引っぱる。ボディコピーを読んで「コンサートホールの宅配」とは、コンサートホール並みの音響を再現するコンパクトなオーディオを、通販で提供するということだとわかる。ああ、なるほど！

実践ポイント

- **商品やその機能、働きを圧縮して、誰でも簡単にわかる言葉に置き換えることで、伝わるスピードを強める。ネット広告など文字数が制限される場合に必要。**
- **同じように圧縮することで、意外性を出して、コピーを読まずにはいられないアプローチで表現することもできる。**

売れる!
コピーの型

その**38**

自己紹介して見込み客を選び出す

お手本コピー

ヨーグルト。いいえケフィアです。

（やずや）

まずは自らを定義する

もし、あなたの商品が見込み客にまったく知られておらず、したがって必要ともされず、欲しいとも思われていなかったら、広告ではどう表現すればいいのだろう?

それについては、21ページ「見込み客の商品認知度によってコピーの表現を変えよう!」の図で紹介した。この認知に合わせた表現方法を示したユージン・シュワルツによると、**商品のことは誰も知らない段階（第5段階）**では、**価格や商品、働きや欲求に触れてはいけないと**言う。触れたところで見込み客にとって何の意味を持たないからだ。

その代わりに、**自分が何であるかを見込み客へ教え、自ら自分をはっきり定義させよ**と言っている。

そこに求められるのは、たとえば見込み客にコピーをぐいぐい読ませるアプローチで、**徐々に問題や欲求への関心を芽生えさせていく**という方法である。見込み客の心の奥底に隠れた願望や不安などを浮かび上がらせるということだ。

その他にも商品の特性をイメージさせ、**見込み客を選び出す**というアプローチがある。お手本コピーを見てみよう。

見込み客を選び出す

千年ケフィアという健康食品の広告である。ケフィアというのは発酵乳のことで、この商品の原材料。僕は、このCMで初めてケフィアを知った。にもかかわらず、なんとなくこの商品をイメージできたのは、**ヨーグルトを引き合いに出し**

ている点。

商品をまったく知らない人にとっては、ヨーグルトを引き合いに出すことで、ヨーグルトっぽい商品かな？　というイメージを持たせることに機能している。ヨーグルトのような味なのかヘルシーなのか、ケフィアがどんなものなのかが想像がしやすい。新顔はまずは自己紹介から始めよう。

見込み客を選び出す

お手本コピーと同様な表現で言うと、たとえば、まだローヤルゼリーが知られていなかった段階の場合、「**ハチミツ。いいえローヤルゼリー**」という表現になる。「**長く愛されてきた貴重な発酵乳、ケフィア。**」とか「**体内環境に、ケフィア。**」と機能を伝えるより、商品を知覚させ関心を持たせることが目的だ。**まずは見込み客を選び出す**、それで十分。

なにせ千年ケフィアは新商品、どのような欲求を満たしてくれるのか、見込み客はまだ何も知らない段階なのだ。まさに商品認知度の段階でいえば第5段階。「ケフィアって何？　なんだかヨーグルトっぽいもの？」ということが伝われば**商品の市場が生まれる（＝見込み客が選ばれる）**。従来になかった新しいコンセプトの商品にはふさわしい。

ところでこのケフィアのアプローチ、ネットでは、次のようなコピーで見込み客を集客しようとしている。

ヨーグルトが続かなかった女性の方へ。

ただのヨーグルトならこれほど驚かなかった。

マス広告ではケフィアの啓蒙、ネットでは見込み客の集客。サンプル配布から生まれる口コミや、話題の喚起の同時二面作戦は、**媒体特性をよく理解した、とても理にかなった方法**だね。

実践ポイント

- **従来にない新しいコンセプト、機能や働きを持つ商品の場合、はじめは自己紹介して自らを定義し、見込み客を選び出す。**
- **この段階では価格や機能、問題や解決策を示す必要はない。**

その39 人に見立て感情移入させる

コミュニケーションの距離が縮まる

人とは不思議なもので、同じロボットでも工場で使われるただの機械のような形状にはさほど親しみなど感じないが、人と同じような姿をしていたりすると愛情さえ感じてしまうことがある。

こちらの行動に反応したり、言葉でも発するものならそれがオモチャであってもまるで友達のような感情を抱いてしまうのだ。

文章でも同じである。ものごとを擬人化して語ると、意味が理解しやすくなり、親しみを感じてしまうことがある。コミュニケーションの距離が近くなる、あるいは垣根がなくなるという感じだ。よく広告の表現やコピーで使われるのもわかる気がする。

> お手本コピー
>
> **消しゴムの人生は、後半がボロボロでした。**
>
> （トンボ鉛筆）

お手本コピーの商品は消しゴムである。消しゴムというモノのライフサイクルを、人の一生に見立てて表現しているのだ。ボディコピーには商品や商品づくりに対する考え方がつづられているのだが、**消しゴムを擬人化して語るので、読み手は感情移入しやすい**。商品をただのモノと見なさず、人格を与えて語っているため、消しゴムに美しい一生を送らせたいという気持ちがよく伝わってくるのだ。

広告の表現においても、商品を人格化させるということは昔から行われてきた方法。というより、商品の開発や戦略に使い続けられてきた。人の顔のようなデザイン、かわいい動物のような形状、ネーミング、ロゴマーク、キャラクターの使用……こうしたアプローチによって商品はまるで友達のようになる。

商品の必要性に気付きやすくなる

さて、このコピーを読めば消しゴムの末路を思い浮かべ、つい共感してしまうだろう。出合ったときの初々しい姿が使うにつれてボロボロになっていくのを人生と重ね合わせて語っている。だから、ちょっと胸がうずくのだ。友達のことのように気になって。

冷静になって考えると、この商品は従来の商品の問題（後半ボロボロになること）が解決された商品であり、そのことを伝えたいのである。しかし「**最後までボロボロにならず、きれいに使える**」と、働きをモノとして説明しても、忙しい見込み客は素通りしてしまうだろう。

コピーのように**商品の必要性を人の問題のように語ると、見込み客に必要性や欲求を強く気付かせることができる**のだ。

かつてウォシュレットの広告にこんなコピーがあった。

おしりだって、洗ってほしい。

おしりの気持ちも、わかって欲しい。
（どちらもＴＯＴＯ）

これもお尻に人格が与えられることによって、お尻に対する愛情？のようなものが高められ、見込み客は商品の必要性を感じずにはいられない。消しゴムのコピーなら、「**最後はボロボロ、消しゴムの気持ちもわかって欲しい**」という感じになるだろう。なんだか消しゴムがかわいそうになって、気にせずにはいられなくなりません？

あなたの商品、あなたの商品がメリットを提供できる部分（たとえば体の一部や、車におけるタイヤのように影響を受けるもの）にも人格を。

実践ポイント

- **商品の必要性に気付いてもらうために、商品の問題を人の問題のように語る。**
- **モノでは無視されても、擬人化することでコミュニケーションがやりやすくなる。特に同情を引く表現は見込み客の気を引きやすい。**

売れる!
コピーの型

番外 ボーナスノウハウ

コピーが浮かばないときは、見込み客へ手紙を書いてみる

カンタンにできる一石二鳥の裏ワザ

キャッチコピーがなかなか思い浮かばない、短く書けない。そういう人は見込み客を説得するつもりで、**手紙のような長いコピー**を書いてみよう。

一見面倒だが、商品のことをどのように伝えるかを頭の中で整理することになるので、説得のストーリーが組み立てやすいのだ。

さらに、**キャッチコピーだけでなく、リードコピー、ボディコピーも作ることができる**。いわば一石二鳥の裏ワザだ。

何も見込み客がキャッチコピー、リードコピー、ボディコピーと読み進むから

お手本コピー

①家に対する日本人の考え方は、間違っていないでしょうか。
それが言い過ぎであれば、少し時代遅れではないでしょうか。
日本は長寿を誇る国です。しかし家について、それは当てはまりません。
②住宅の平均寿命は、米国が約45年、英国が約77年に対して、
③日本はわずか約30年。住宅ローンが終わる頃には、
建物の価値はゼロになって、また取り壊して建て替えている。
それが実態です。そのことに疑問を持つ日本人もまだ多くありません。
日本にロングライフ住宅の考え方を根づかせたい。
④旭化成ヘーベルハウスは、そんな思いから35年前に住宅事業を立ち上げました。
そして環境問題や少子高齢化の問題がクローズアップされる今こそ、
⑤住宅を消費財としてでなく、大切な資産としてとらえる家づくりが、
これまでにもまして求められる。そう思うのです。
近年の日本の住宅は、耐震性にすぐれた構造へ進化しています。
しかしそれだけではロングライフ住宅とは呼べません。
⑥住宅密集地では火災に強いこと。
建物の骨組みを残して、柔軟に増改築できる構造であること。

と、その順番に合わせて考える必要はないのである。

それにキャッチコピーで見込み客をつかんでも、次に読ませたいリードコピーやボディコピーが機能しなくては、そこで見込み客は広告から離脱するだろう。先を読ませる、説得力のある広告を設計するには役立つライティング方法なのだ。

お手本コピーはよく使われる説得の型のひとつ、これで解説しよう。

ショートに書くときは、まずロングに書くとグッド！

長期にわたるメンテナンス体制が整っていること。
そうして、⑦築30年を過ぎても建物に資産価値があり、売買もできること。
ヘーベルハウスではこれらのことを、
時代に先がけて、すでに家づくりへ反映させてきたのです。
日本人が本当に豊かさを実感できる日は、
家に対する考え方が、変わった後かもしれません。
次こそは、ロングライフ住宅を建ててください。

（旭化成ホームズ）

初めは問題を浮きぼりに

このコピーはロングライフ住宅という、長持ちする丈夫な住宅の広告のボディーコピーである。ちなみにキャッチコピーは「日本も、ロングライフ住宅へ。」。

どのように説得しようとしているのかポイントを挙げてみる。（お手本に表記された番号と照らし合わせて見て下さい）

①**まず、見込み客の認識を問うことから始める。**（見込み客はドキッ！）

②**次に客観的なデータを示す。**アメリカ、イギリスの住宅の平均寿命を出して、日本の平均寿命の短さを強調する。さらに日本は長寿国という引き合いを出して、日本の住宅の寿命の短さをもっと強める。

③**続けて、将来予想される事実を突き付ける。**ローン終了後に資産性もゼロになるというリスクが待ち受けている。（どうにかしないと！）

必要性を高めて解決策を示す

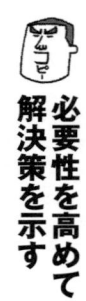

前の段階で不安になった見込み客は解決策を求める。そこで、**④商品が見込み客のニーズに応えることを示し始める。⑤商品のコンセプトが語られる。**そして、**⑥具体的な機能や働きが述べられる。⑦さらに③の段階で示された問題を解決することが語られる。**つまりローン終了後でも資産価値があることだ。最後は商品を勧めて締める。

他人事と思えない気持ちにする

まず疑問を投げかけて興味を誘い、さらに客観的事実を示し必要性を高める。そして問題を鮮明にして解決策を示す（＝商品へと誘導）という流れだ。**他人事のような導入から他人事とは思えない話へフォーカス**していくイメージ。セールスレターにも使われる説得術のひとつである。

では、ここからキャッチコピーをどうつくるか。たとえば1行目を使うと、「**家に対するあなたの考え方は、間違っていないでしょうか。**」といきなり**見込み客の了見を試して引き込む**ことができる。

5行目も使える。たとえば「**知っていました？日本の住宅の平均寿命は約30年。住宅ローンが終わる頃、資産価値ゼロ。」とネガティブな事実を突き付け、必要性を高める**ことができる。15行目を使って「**いまや耐震性は標準、その家は火災に強いか。」と気付きを商品選びに転換する**アプローチだって考えられる。

このように、**長いコピーを書いてみると頭の中もすっきりと整理され、キャッチコピーもさまざまな切り口から考えることができる。**急がば回れだね！

実践ポイント

- **まずは見込み客を説得する手紙のような長いコピーを考える。たとえば、現状や客観的事実などをはじめに示し、次に問題を浮きぼりにし、最後に解決策を示すという流れで組み立てる。**
- **長いコピーから言葉を抜き出して、さまざまな切り口からキャッチコピーとしてブラッシュアップする。（切り口が浮かばないときは2章を参考に！）。**

△ 書き換えられない情報だから、信じられる。

少しわかりづらいアプローチですが、情報の質や信用力に焦点を当てるのは良いです。たとえば「ネットのニュースも、新聞に頼っている」などとわかりやすく伝えたいです。

◎ 小さな記事が人生を変えることもある。

小さな記事は新聞の強みです。いいアイデアです。

全体的講評

今回は、ネット時代の新聞の価値をどう見出すかがポイントでした。全体的には、おもしろいアイデアが多かったとは思いますが、ネットを引き合いに出して、差別化するような表現がもっとあっても良かったと思います。

たとえばネットにありがちな興味ある情報だけ知ろうとすることを、バランスを欠いた食生活で例えてみたり、いろいろとわかりやすくおもしろいアイデアも考えられるのではと思いました。また、牛乳に相談だキャンペーンのようなデフォルメの効いたユーモアラスな表現もあると思います。

また価値を見つけ出してはいるけど、わかりやすく伝える、イメージしやすく伝えるということでは今一歩の感もありました。

△ きっかけが、4コマ漫画だっていい。

良いアイデアですが、4コマ漫画よりも「ほんの小さな記事が、生きるヒントになることだってある」というふうにメリットを感じさせたいですね。

○ 知りたいニュースの隣りには、知らないことが載っていた。

「載っていた」を「載っている」に、最後を「ひとつ賢くなるかも」で締めると、メリットがイメージしやすくなります。

△ スイッチ要らずの情報源。

おもしろいアイデアです。たとえば「電池切れの心配がない情報源」などと「スイッチ要らず」をイメージしやすく伝えるともっと良くなります。

○ 愛読書が「新聞」なんて、かっこいいぞ。

同じような内容で「賢い人が好き、とあの娘が言った。新聞はじめよう」などともっとデフォルメしたようなアプローチのほうが興味を引きやすいです。

○ 入試にも役立つ、キャンプの火起こしにも役に立つ。

「入試にも、キャンプの火起こしにも、ペットのトイレにも役に立つぞ」と幅広く役に立つことを伝えたいです。

○ ネットで見たニュースはあまり心に残らない気がする。

意外に気付かない視点です。伝える力の違いをわかりやすく言っている点が良いです。

△ 新聞は受身では読めない。

受身では読めないことの価値を伝えたいです。

△ 子供の頃、新聞を取りに行くのが日課ではなかったですか?

新聞への愛着のようなものは伝わりますが、それにつなげて新聞の価値を伝えたいです。

○ 好きな時に好きな場所で好きなように読める贅沢。

好きな場所や時間もあるかと思いますが、加えてネットやテレビと比べて、ゆったりと時間をかけて読む贅沢さに焦点をあてると新聞の価値がもっと際立つと思います。

○ 購読料が1回の飲み代と同じくらいなんて安くないですか?

アリコの保険のCMみたいに「1日缶コーヒー1本分の値段で、賢くなれる。安くないですか」と安さを強調する手もあります。

○ 就活担当者は、まだまだ新聞派。

おもしろいアイデアです。大学生、高校生には読む理由になりますね。

△ 新聞だけが語りかけてきてくれる。

もう少し誰もが共感できるようなことで伝えたいです。「語りかけて～」の部分がイメージしづらいです。

△ 悪意であふれる情報を善意で伝えるのが、新聞。

少し考えすぎですかね。「大切なのは、ニュースを知ることではなく、理解することです」などと新聞のよさをわかりやすく伝えたいです。

△ 正しい情報を伝えるために、お金がかかる。

有料であることを逆手に取るのは良いです。それだけに説得力を持たせたいです。「信頼できる情報をたくさん伝えたいからこそ、有料なんです」などと質と量という価値を強調したいです。

○ 読む日本。

たとえば「朝めし前に読める、日本」とか「30分以内で読める日本」などと読むことに価値をつけたいですね。

◎ 母さんは、私が生まれた日の新聞を取っておいてくれました。

着想がいいですね。思い出の品としての価値というのは新聞ならではです。

◎ 読む朝ごはん。

良いアイデアです。「朝からアタマにもしっかり栄養を」などとよりわかりやすくいう手もあります。

◎ 芸能ニュースにだけは詳しいね、と言われた。

新聞を読んでいないことのデメリットを気付かせています。これも価値を伝える方法です。

今回のお題 10

新聞購読を促進する広告コピー（大学生へ訴求）

△ハエたたきや鍋敷きにもなります。これは、新聞の広告です。

たとえば「賢くなった後は、ハエたたきや鍋敷きに」のように一番の価値を伝えて、意外性のある表現で興味を引きたいです。または「使った後は、ハエたたきや鍋敷きに。ネットでは無理ですね」とネットとの差別化をおもしろく伝えてもいいです。

△トップニュースの解説から、地元の話題まで。新聞なら一気に読める。

短くして「世界の出来事から、地元の話題までまとめて一気に。新聞だからできること」と新聞の良さを強調したいです。

△身近な情報も、実は必要だったりする。

「身近な情報」を具体的に表現したいです。地元の情報なのか、生活情報なのか、いろいろあると思います。

△新聞なら、今日のトピックスが一目でわかる。

ネットと比較して「クリックしなくても、今日のトピックス〜」として新聞の特徴に気付かせたいですね。

△新聞だから得られる情報は、きっと役に立つ。

なぜ役に立つのか、その理由を伝えたいです。テレビやネットと比べた場合のことです。

△ニュースの基準

「ネットのニュースも、新聞社発が多い。ニュースの基準だ」と新聞の情報の質を強調したいです。

△モバイルニュースならケータイに負けない。

もっとわかりやすくしたいですね。「ある意味、新聞もモバイルだ。電話はできないが、情報がたくさん詰まっている」などというふうに。

△社説を読める……大人だ。

「読める」ではなく「社説がわかる、大人だ」、または「読解力がつくと、テストの点も上がる」などメリットを強調しましょう。

△新聞を読んでる学生を見ると一目置く。

「新聞を読んでいる姿って、頭が良さそうに見えるよね」などもっとありがちなことを言ってみたいです。

△ネットにはない考え方がある。

ネットとの比較は良いと思います。もう少しイメージしやすいよう「ニュースは知ることよりも、理解することが大切だ」とか「ネットはサプリメント、ちゃんとした栄養は新聞から」などと新聞の価値をデフォルメして伝える方法もあります。

△ネットやテレビは目をいじめる。

「ネットばかり見ていると目が疲れる。ニュースくらいは新聞で」と提案型のメッセージにするとわかりやすいです。

△今すぐ番組表見たいのに……うちって電波悪い。

「今すぐ番組表を見たい、それならケータイより新聞」などとわかりやすく伝えたいです。

△見た目インテリ、中味は……言えません。

「見た目インテリになりたい、それなら新聞。（そのうち中身も賢くなるかも。）」とするとイメージしやすくなります。

△あなたのためなら、汚れます。

「汚れます」の部分がわかりづらいです。イメージしやすく伝えることを心がけましょう。

△都会にコケコッコーはない!

おもしろい発想だとは思います。ただ意図はわかりますが、ネット時代の新聞の価値からすると、もっと言えることがあると思います。

◎ 購入してから、妻の料理の品数が増えました。

男性から男性に向けたおもしろいアイデアです。最後は「(もちろん味も良くなりました)」と締めて妻の喜びを強調したいです。

△ 肩身は狭くても、器は大きく、さらにスピーディ。

子育てママの抱える悩みを解決するという価値を、イメージしやすく表現することが大切です。わかりづらい広告はスルーされるという前提で考えたいです。

△ 私に、旦那に、資源にも……八方美人にも程がある。

短いコピーでは伝えたいことはなるべくひとつに絞り込んで、掘り下げたほうが効果的です。

△ お母さん、楽しそう。ずっと一緒にいてね。

なぜ楽しそうなのか、そこがイメージしづらいです。「誰に」「何を伝えるか」そこから考えるといいですよ。

○ サボりじゃない!　子供への愛情です!

「サボりじゃありません、子供への愛情タイムを増やしたいのです」と少しわかりやすくしたいです。

△ 厚さ10mmの説明書なんて、読むだけで一日終わっちゃう

簡単に使えることを伝えるには回りくどいです。一番の価値を伝えるコピーがほしいところです。

△ お皿、ピカピカ。ママ、キラキラ。

考え方は良いですが、商品を考えると、お皿がピカピカは当たり前なので「手はすべすべ、気分もラクラク、子どもニコニコ」などと別のアプローチがほしいです。

○ 食器洗い乾燥機が来てから、我が家の夕飯が一品増えました。

良いアイデアですが、「食器洗い乾燥機が来てから、」は不要で「使い始めてから、」としたいです。

△ 妻の腰痛は、食器洗い乾燥機が原因でした。

「腰痛」に着目したのは良いですが、何を伝えたいかわかりません。「おかげで、妻の腰痛がなくなりました」ならわかりますが。

△ ウチのお母さんは、夏場でもハンドクリームが欠かせません。

子供からの視点だと説得力が弱いです。「一年中ハンドクリームが手放せないママへ朗報です」とニュースのような表現のほうが興味を惹きやすいです。

△ 娘がグレずにすんだのは、食器洗い乾燥機のおかげです。

グレる以外にもいろいろ子供の問題はあるので、「子どもがすくすく育ったのと無関係ではありません」としたほうが良いです。ただ、商品の価値を伝えるには表現が遠いです。

全体的講評

今回の課題は、商品の価値をきちんと捉えたいいコピーが多かったと思います。この商品は決して安い買い物ではなく、また主婦にとって家事をさぼるために買うのではと誤解されることもあるので、気軽に買えるものではありません。その意味では、夫にも気付かせて、外堀から埋めるような説得は必要だと思っています。そうしたアイデアのコピーがもっとあればよかったと思いました。

それと「誰に伝える」「何を伝える」かということが、ぼやけている案がいくつかありました。そこを踏まえて、ユーザーの視点(ママの視点)で伝えるか、第三者の視点で伝えるか、この商品の営業マンのような視点でいうのか。はっきりしておかないとせっかくの良いアイデアも生きません。基本的なことなので忘れないでください。

実際の商品サイトにあった購入者の声を読むと、便利になったというよりも、心にゆとりができた、手荒れに悩むことがなくなったという意見が多くありました。そうした点をすくいあげるようなコピーがありましたが、それは良かったと思います。

○ 家事よりも、ぐずる子供に手をかけたい。
家事にもいろいろあるので「家事」を「食後の片付け」にしたいです。

◎ 食後はママにも休息を。
「ママ」を「奥さん」にして、夫へ間接的に訴求するか、「食後はママだって、ひと休みしたい」とママの気持ちを強調して伝え、ニーズをウォンツに高めたいです。

△ 皿洗いがなくなれば、
子供服デザイナーになれるかも。

考え方は良いですが、子育てや家事に忙殺されるママたちにそこまでゆとりを提供することはできないもの。「子供服デザイナーになれるかも」の部分をリアルにしたいです。

○ どんなハンドクリームよりも、食洗機。
「食洗機」よりも「役に立つ」とか「うれしい」とかのメリットのイメージを表現したいです。

◎ 頑張り屋のママの手は泣いていた。
「ダンナさま、頑張り屋の奥さまの手は、泣いています」と間接的な訴求にしたいアイデアです。

○ 洗う時間を笑う時間に。
韻を踏んだ表現は悪くはないのですが、ボディコピーなどで「笑う時間」を説明しないとイメージしづらいかもしれません。

◎ もう溜めない。洗い物もストレスも。
商品価値のわかりやすい表現です。「もう溜めなくていいんです」と語りかける表現のほうがいいと思います。洗い物もストレスも本人の意思とは関係なく溜まるものなので。

○ 食後の団欒は、家族全員で過ごしたい。
「食後の団らんは、ゆっくりと家族でおしゃべりしたいよね」と見た目も表現も柔らかくして共感を誘いたいです。

○ 子育ては見逃せない瞬間ばかり。
背を向けている暇はありません。

アイデアはおもしろいです。ただ欲しいと思わせる理由にはやや弱いアプローチかな。「子どもが小さいと目が離せない、背を向けているときが一番不安です」などと商品の必要性を感じさせる方向に持っていったらどうでしょうか。

△ 買ったのは子どもとの時間。
アイデアは良いです。「買った」だと身もふたもないので「手に入るのは、子どもとの時間です」くらいにはしたいです。

△ 出産祝いならこれ。
ネット広告の表示だとこれでもいいのですが、出産を控える娘の親に絞った訴求で「子どもが生まれる娘さんの心強い味方です」や「子供が生まれると、娘さんは大忙しでヘトヘト。ダンナさんだけでは頼りない」と親心をくすぐりたいです。

○ ストレスも洗い流します。
あっさりとした印象があるので「お皿の汚れと一緒に、ストレスも洗い流したいですね」などと共感しやすいような表現で商品の価値を伝えたいです。

△ 気持ちの余裕というプレゼント。
メッセージらしい表現にしたいです。たとえば「子育てママに、気持ちの余裕を贈ります」みたいな感じで。

△ ママの手、きれいだね。
「子育てママの手は、いつも泣いています」などとマイナスの現状を伝えて商品の必要性を訴求したいです。

◎ 作ったと思ったら
片付けなんてあんまりです。

共感を得やすいアイデアで良いです。

○ 子供はお母さんの後姿ばかり
見たくないと思う。

「子どもはママが後姿を見せているとき、さみしいと思っている」などと後姿を見たくないと思う理由を伝えると、イメージがわきやすくなります。

○ このエコな時代にまだ手洗いですか?
この場合、ママの負担の軽減を伝えたく、そのためエコが一番伝えたいことではありませんが、買う理由を気付かせるアプローチとしては良いです。

◎ 忙しい奥様へ、
減らせる家事はまだあります。

商品の価値を提案というかたちで伝えるのは、ひとつの型です。応用ができます。

今回のお題 09

食器洗い機の広告コピー

△ **これからは、家事は機械に任せよう。**
なぜ任せたほうがいいのかそこを伝えましょう。「あとかたづけの時間を、子育ての時間に使える」とか。

△ **家族の会話を増やそう。**
「食後の団らん、いつもママだけがいない」などと問題点を浮き彫りにすると、商品の必要性が高まってきます。

△ **食器を洗う時間、コミュニケーションできずにいる。**
たとえば「家族とのコミュニケーションを増やしたい、どの時間を節約するか」などと商品の価値に気付かせてほしいです。

△ **家事を減らして、育児しよう。**
「家事を減らせば、育児にかけられる」などとストレートに言い切ったほうが説得力がまします。

△ **子供の成長は、1分でも多く見たいから。**
アイデアは良いです。その状況を逆から発想して、商品の必要性を説くアプローチもあります。「子供が話しかけている、でもすぐに相手ができない。悲しい」というふうに。

○ **家事の負担が減ったおかげで、孫を連れての帰省が増えた。**
帰省だと大げさなので、日常的な例で、たとえば「家事の負担が減った、子供とのお出かけが増えた」などとしたいです。

△ **なくても困らないと言っていたお隣りが、ないと困ると言っている。**
アイデアは悪くないですが、「なくても困らないかもしれない、でもあれば家族みんなが喜ぶと思う」というふうに商品の価値に近づけて興味を持たせたいです。

△ **サボって節約。いいんじゃない?**
「サボるんじゃありません、時間と労力の節約なんです」などとサボるを肯定しないで、別の表現で言い訳をしてあげて、買う理由を正当化したいです。

○ **食後、子供に背を向けたままでいいですか?**
「食後、子どもとゆっくりする余裕くらいは欲しい」などとママの気持ちを代弁するほうが共感を得やすくなります。

△ **家事をさぼって得をしよう。**
「後片付けの時間を、子育てに回すという発想」などとサボるという言葉を使わずに、トクをするイメージを具体的に伝えたいです。

△ **手がきれいなお母さんでいて欲しい。**
この場合、商品の価値を考えると「ご主人、子育てに忙しい奥さまの手が悲鳴をあげています」と手がきれいになるより、マイナスの状態を解消するということを伝えたいです。

○ **後片付けが楽になると、料理がもっと楽しくなる。**
「後片付けが楽になると、料理に気合が入る」などとイメージしやすく表現したいですが、料理が楽しくなるというのは、買う理由としてはちょっと弱いです。

△ **食事の後、もっとあなたと話したい。**
「あなた」が夫なのか子供なのかで、表現が変わると思いますが、ゆとりが欲しいということでシンプルに「食後、ママだってゆっくりしたい」としたいです。

△ **食器より子どもの体を洗いたい。**
「体を洗う」では情緒に欠けるので「お皿よりも、子どもを触れていたい」などにしたいですが、対比としては弱いです。

△ **手洗いより節水。食器洗い乾燥機。**
節水もメリットなのですが、労力と時間を節約することでもたらされることのほうを伝えたいです。

○ **空いた手はだっこの手に。**
「ママの手はお皿よりも、子どもを抱っこしたがっています」などとママの悩みを表現して共感を得たいです。

○ 動物による毎日違うアトラクション、それが動物園。

「毎日違うアトラクション、テーマパークじゃ無理ですね」などと、テーマパークを引き合いに出して差別化したいです。

△ ゴリラみたいな部長に叱られた週末に動物園。

「動物園に行った翌日、ゴリラみたいな部長がやさしく見える」とやさしい気持ちになれることを訴求してみては。

△ ナマケモノの部下を怒る前に動物園。

「ナマケモノは意外に怠けない、人間も見習うべきだ」などと常識の盲点を突いて興味を引きやすい表現にしたいです。

△ 入った後はほとんど無料。

その通りですが、動物園へ行く一番の楽しさを伝えたいです。

○ イイ臭いもしませんし、イイ景色もありませんがイイ癒しがそこにあります。

癒しの部分に焦点を当てて、たとえば「無愛想だけど、なんだか癒されるマスターのいる店、という感じ」と比ゆを使ってわかりやすく伝えたいです。

全体的講評

今回の課題はちょっと難しかったかなと、ヒントを出しておけばよかったかなと思いました。

動物園へ行く価値を伝えるためには、癒しということもあるでしょう。また、他のアミューズメント（テーマパーク、ゲーム、ＴＶなど）との比較から伝えていく方法もあると思います。また、最近家庭での陰惨な事件が頻発しており、生きることや、命が軽んじられているような感もあります。動物を見に行くことで、そんな大切なことを認識させてくれるという価値もあると思います。

時代の空気やトレンドとうまくシンクロさせていくのもアイデアのひとつです。今のような情報過多で誰もが忙しい時代には、商品を選ぶ基準を伝えていかなければなかなか振り向いてもらえません。商品の価値や今までにない使い方を伝えていくには、コピーの力は大きいものです。特に動物園のような目新しくもない商品は、使う理由を提案してあげることで、マーケティングができます。

買う理由や選ぶ理由に気付かせたり、新しい使い方を提案するには、やはりアイデアが重要です。アイデアの引き出しを増やすには、日ごろからさまざまな情報やイメージのインプットが必要です。

○ まだ見たこともない動物はいるはず。
「知っているけど、見たことがない。じゃあ行ってみよう」とか「知っていると見たとは大違い、ホンモノを見に行こう」など背中を押すような表現があるといいです。

△ 動物ってなんで癒されるんだろう?
同じ内容をデフォルメして、「私のセラピストは、ゴリラです」などと意外性で引き付けたいです。

△ 動物園の時間はゆっくりだ。
「ゆっくりとした生き方、教えてくれます」という風に、価値を伝えたいですね。

△ ボス猿を探せ!
「ボス猿が、部下のまとめ方を教えてくれます」などと笑いに持っていき、共感しやすくしたいです。

○ 疲れたら、動物園へ。
「疲れた」のがカラダなのかココロなのか具体的にしたいです。あるいは「落ち込んだら」にするとか。

△ 動物はずっと見ていても飽きないね。
「飽きない楽しさ」を「行くたびにサプライズ、そんな場所はめったにない」と気になる表現で伝えたいです。

△ 動物は飾らないからおもしろい。
「飾らないやつって、ウソがないから好きだ」と人間にたとえて興味を引きやすくしたいです。

△ もっと見たい、もっと居たい。
たとえば「人間は疲れる。たまにはサルになるのはどうだろう。(気持ちだけでも)」ともっと見たい、いたくなるような提案をしてあげましょう。

○ 質問:いつ動物園に行きましたか?
答え:思い出せない人は今からどうぞ。
思い出せないから行くというだけでは弱いので、最後に「あのわくわくをもう一度」と、楽しいよねと認識させたいです。

△ 来るたび変わる。だって生きているから。
たとえば「キャストは動物、行く度に新しい楽しさ。テーマパークじゃ体験できない」と他のアミューズメントを引き合いに出して、差別化を強調したいです。

○ 動物のおしりって、なんだか癒される。
確かに動物の後姿はスキだらけで癒し感があります。行く気にさせるにはやや弱いですが、いいアイデアです。

△ 見られているのは人間のほうかも。
同じような内容で「動物のフリみて、わがフリを直す」と行く価値を教えてあげたいです。

○ 教科書だけで、
命の大切さは教えられない。

アイデアは良いです。「生きるとか命とか、そんな大切なことを教えてくれます」と行く価値がある表現にしたいです。

○ 本物はでっかいぞう。
「ぞう」は「ゾウ」に。他の動物編もほしいところです。

○ 初めてパンダを見たときのこと
覚えてますか?

「覚えていますか、初めてパンダを見たときの感動」と見たときでなく、そのときの感動を思い出させたいです。

○ 見たこともない動物が
けっこういたりします。

「名前は知っていても、見たことがないって悔しくない?」などと見たい気持ちにさせる一言が欲しいところです。

○ 食べる、遊ぶ、寝る。
シンプルライフを実践中
「食べる、遊ぶ、寝るとはうらやましい。せめて見るだけでも」と行く気にさせたいですね。

△ 人間だけが
生きているのではありません。

動物園へ行く価値を伝えたいです。同じような内容でも「楽しい生き方を教えてくれる先生がいます」という感じに。

△ 最近TVでしか
動物を見ていないあなたへ。

たとえば「大型液晶テレビも、ホンモノにはかなわない」などとテレビとの比較で価値を伝えたいです。

今回のお題 08

動物園の来場促進の広告コピー

○ 図鑑では味わえない感動、約束します。

「図鑑では味わえない感動がある」と「約束します」は省いても良いです。また「感動」をたとえば「カワイイ」と具体的にするともっと琴線に触れやすくなります。

○ ゾウは本当に大きいの？
百聞は一見に如かず。動物園で確かめよう。

アフリカゾウは絶滅が危惧されているので、たとえば「いつまでもいると思うな、親とゾウ」などと、行きたい気分を刺激したいです。

△ サルは何を考えてるんだろう？
直接聞きに行こう！

せっかくサルを取り上げるのなら、「まさにサル知恵、笑っちゃいます」とおもしろく興味を引きやすい表現にしたいです。

○ ライオン見たのは何年前ですか？

最後に行ったときだけでなく、「最後にライオンを観て、ワクワクしたのはいつですか」などと楽しいことであることを認識させたいです。

○ 動物を見て子供に戻ろう。

「動物は、大人を子どもに変えてくれる」と言い切ってしまったほうが説得力が増します。

△ ピュアな目、溢れてる。

「愛情や生き方、いろんな大切なことが学べます」などと動物園に行く価値を示してあげたいです。

△ リアルな日常をご覧ください。

動物園は、人にとってはリアルだけど非日常な空間だと思います。ただ、リアルな日常だとイメージしづらいので、たとえば「ホンモノのサル知恵をご覧ください」とわかりやすくしたいです。

△ 3万年前の家族が創造した、
もうひとつの楽園

スケールが大きすぎてイメージしづらいです。命の大切さを教える学校ですとか、身近な表現のほうが良いです。

△ 温泉より癒される！　遊園地より怖い！
食べるものも豊富？

他のアミューズメントとの比較は良いです。「ミッキー、キティ？　本物のかわいさには勝てません」とわかりやすく共感しやすい表現を心がけたいです。

△ 年齢制限はありません。

年齢制限と行きたくなるメッセージとの関連がわかりません。具体的にわかりやすく伝えることが大切です。

△ ZOO っといたくなる動物園。

キャンペーンスローガンには良いと思いますが、行く気にさせるにはちょっと弱いです。たとえば冒頭に「癒されたいと思ったら」などといく目的に気付かせてあげると行く気にさせやすいです。

△ 今日は誰にも会いたくない。
ゾウさんに会いに行こう。

「誰にも会いたくない、でもひとりはイヤ。そんな日の避難場所」と行くための提案をしてあげたいです。

△ サル、カバ、オウム、あなたの会社じゃ
ありません。動物園に行こう。

「会社にも似た人はけっこういるが、たまにはホンモノを見たくなる」と共感しやすい表現で笑いに持っていったら。

○ ぬいぐるみより安い入園料。
動物園に行こう。

「ぬいぐるみより安い、しかもぬいぐるみよりカワイイ」と安さだけでなく、もうひとつ価値に気付かせたいです。

△ もし私が他の動物だったら。

「イヌ年なのに性格はサルと言われた、確かめに行こう」などと共感しやすい表現にしたいです。

△ 鯖は読むものじゃなくて、食べるもの。

アイデアはいいのに、商品価値が伝えきれていない点が惜しいです。たとえば「若く見せるには、サバは読む～」のように冒頭にメリットを一言付け加えると、価値が伝わります。

全体的講評

全体的には、きちんと商品の価値をわかりやすく伝えることはできているように思えます。価値を伝える表現やアイデアの部分では、おもしろいものもいくつかありました。そうした点は良かったと思います。

もっとも、アイデアは良いが、それをうまく表現できていないものもありました。これは、日ごろからいろんな言葉にふれて、引き出しをたくさん増やしていくしかありません。おもしろく言おうとすると、価値から遠くなることがありますが、意外性のある言葉やアイデアで、惹きの強い表現にもチャレンジしてほしいと思います。

△成人病予備軍は、サバで防ぐ。

小さな子供の親にフォーカスして、「小さいころから始めよう、サバで生活習慣病対策」とピンポイント訴求したいです。

**△DHA、カルシウム……。
成長期を助けるサバパワー。**

「成長期を～」を「今から食べておくと、大人になって良かったと思う」にして、食べるきっかけ作りをしてあげましょう。

△食べて美肌に。サバは女性にも優しい。

「けっこう女性の味方です」などと興味を持たせる表現にしたいです。

△サバで体の調子、コントロール。

「体の調子、コントロール」だと漠然としすぎているので、イメージしやすい表現に。

**△お子さんの体を作るのは
毎日の食べ物です。**

一般論過ぎるので、商品価値に近づけたいです。

**△煮たり焼いたりするだけが
魚ではありません。**

手軽に食べられることを訴求したいのなら、「体にイイことは知っているが、調理が面倒くさい。それなら缶詰はどうだろう」など不便や不満の「不」が解消できることを気付かせましょう。

◎丈夫に、賢くと願う母の味方です。

わかりやすく商品価値を伝えていると思います。

**△サバは気軽に
食べることのできる魚です。**

気軽に食べられることよりも、体に良いことを訴求したいです。

○きれいな人はたぶん魚好きだと思う。

少し説得力が足らないので、「きれいになれる栄養が入っています」ともう少し、食べてみようかなという気にさせたいです。

**○目指せ合格。
受験生とそのお母さんを応援します。**

手軽に食べられる（手間いらず）、体にいいを強く印象付けるために「受験生のお母さんの強い味方です」としてはどうですか。

**△遺伝に負けるな、
将来のNBAプレイヤー。**

メリットとNBAプレーヤーの関連がわかりにくいです。NBAよりも、ノーベル賞のほうがまだ近いと思います。

○血液サバサバ。

イメージしやすく印象に残りやすいのですが、サバサバは、さっぱりという意味。さっぱりした血液？わかりづらい人もいるでしょう。

○アタマに栄養足りてますか?

「勉強ばかりでは、賢くなれない」などと食べる必要性をもっと強調したいです。

**○塾帰りのボクと朝帰りのパパに、
ママが出してくれるモノ。**

「塾の日と、パパが朝帰りした日、ママは黙ってこれを出す」とか「塾の日と、パパが朝帰りした日の定番メニューです」などと短くテンポのある表現にしたいところです。

**○拝啓　日本の皆様、健康で賢い子供に
育って欲しい。　敬具　サバ**

手紙形式というのは意外に読んでしまいます。その点は良いですね。対象を「日本の皆様」というより、「日本のお母さん」としたほうが今回のターゲットにピンポイントで訴求できます。

**○鯖で賢くなるんだって。
ぼくのお母さんは
わらをもつかむ思いで鯖をつかみます。**

ユーモアラスな感じはいいのですが、やや冗長なのと価値を強調したいので、「お母さんの小言が、“勉強しなさい”から“サバ食べなさい”になった」としては。

△僕の彼女は髪サラサラ、血液サラサラ。

「僕の彼女は～」の部分が生きていません。「彼女はサバが好きだ」のように関連付けが必要です。

**○お隣の息子さんが東大合格。
ゴミ捨て場にはサバの空缶。**

アイデアは良いです。「ゴミ捨て場には～」がリアルにイメージできて、臭ってきそうです。臭いが苦手で魚を食べない人もいるので、ネガティブな印象を与える場合があります。たとえば「お隣の奥さんはよくサバ缶を買っていた。今年、息子さんが東大に合格した」のようにするとスムーズ。

今回のお題 07

サバの缶詰の広告コピー（小さい子どもや若い世代に食べてもらいたい）

△ **大人の君が今から楽しみ。ママの愛情「毎日サバ缶」。**

なぜ「今から楽しみ」なのか、そこ（商品の価値）を伝えてほしいです。

○ **「サバ食」で東大に合格したよ、お母さん。**

合格に必要であることを訴求したいです。たとえば「サバも、受験対策のひとつです」のように。

◎ **20歳なのに脳年齢60歳。さかな不足のせいじゃない？**

「さかな不足のせいじゃない？」を「サバが足らないのかも」とサバに焦点を当てたいです。

△ **お袋の味が「サバの味噌煮」になる日本は有望だ。**

「技術立国ニッポンを支えてきたのは、サバでした」など、メリットを日本が有望であることと関連付けすると、価値もわかりやすくなります。

△ **サバ CAN　育脳。**

英語のcanと掛けたのですかね。わかりづらいかもしれません。思い切って「育脳食品」と言い切って興味を持たせるほうが良いです。

◎ **一夜漬けで大丈夫かな……サバ食べとこう。**

このスタイルは「牛乳に相談だ」のキャンペーン（「夏休み初日に骨折。牛乳に相談だ」「カレシのほうがお肌がきれいです。牛乳に相談だ」など）と同じで、効きやすいコピーの型のひとつです。応用しやすいので覚えておくといいです。

◎ **今日のお昼、何食べたっけ……サバを食べとこう。**

「今日のお昼ごはんが思い出せない」とすると、もっとメリットがわかりやすくなります。

◎ **せんべい食べたら歯が欠けた……サバ食べなくちゃ。**

「せんべい～」の部分は、リアルな状況だけでなく、デフォルメしてユーモアな感じを出すことも表現方法のひとつです。

◎ **エステに行くお金がない……サバ食べなきゃ。**

「こんなにリーズナブルなエステは他にない」と興味をもたせる表現も考えられます。

○ **パソコンで目が疲れた。サバを食べよう。**

表現にアイデアが欲しいです。目が疲れたということを、具体的に言うとおもしろくなります。たとえば「あれ、CがOに見える、視力がピンチ。サバに頼もう」のように。

△ **ヘルシー宝箱。**

「ヘルシー」をもっと具体的に。「頭が良くなる方法が入っています」とか興味を持たせるような表現で。

△ **脳の発育は8歳までに9割方、出来上がる。**

脳の発育と活性化は区別したいですね。「サバを食べると、脳のひらめきが違います」と活性化を訴求したいです。

△ **背が低いのは牛乳を飲まないから、頭が悪いのはサバを食べないから。**

「頭が悪い」という表現、クレームが来るリスクもあります。「サバを食べ忘れた日、テストの点数が落ちた」とユーモアを効かせるほうが好印象になります。

△ **一日一鯖。**

「一鯖」の理由を伝えたいです。食べる理由を気付かせましょう。

△ **親友はサバ、ライバルもサバ！**

「成績アップの秘訣は、予習、復習、サバ。予習、復習、サバ……」と必要性を伝えたいです。

△ **サバ缶は調理不要、簡単にヘルシー。**

メリットの部分をもう少し具体的に。「サバ缶は、成績を上げる健康食品です」

○ 老化防止?いえいえ若化促進です。

「若返りたい？音楽をどうぞ」などとズバリ言い切ってしまうか、老化防止や若化促進という切り口なら、エステや健康食品を引き合いに出して表現しては。

△ 乙女のころのドキドキ、リフレイン。

ドキドキの部分を音楽と関連させてもっと具体的に表現したいです。ドキドキが初恋のことかもしれませんし。

△ 発表会で何着ようかしら。

発表会までいくと、先を行き過ぎてちょっと想像しにくいです。その前の段階、つまり楽器が弾けるようになった自分を想像できるような表現のほうが伝わります。

△「なんとなく」が「何度となく」になっていた。

せっかくの言葉遊び、それを音楽を学ぶ楽しさを伝えることに生かしたいです。何が「何度となく」になるのかそれを想像させたいです。

○ 娘の結婚式でピアノを弾くことになるなんて。

よいアイデアですね。もう少し共感を得やすいよう「娘の結婚式にピアノを弾いてあげる、が今の私の楽しみです」のように学ぶ理由を提案してあげると良いです。

△ 旦那に惚れ直す機会はめったにない。

楽器が弾けるようになることと、惚れ直すきっかけがイメージしづらいです。いつか夫婦で一緒に演奏したいといった願望のアプローチから掘り下げていくと良いと思います。

△ 楽器に必要なのは、若さでも体力でもない。弾きたいと思う気持ちだけ。

気持ちも大切ですが、弾けることで享受できる喜びや楽しさを伝えるほうが興味を持ちやすくなります。また50代からでも遅くないですよと添えてやる気を刺激しましょう。

△ 50代から始める趣味がかっこ良いらしい。

たとえば「ユーミン、5〇才。中島みゆき、5〇才。私もがんばらなくちゃ」という具合にカッコよさをイメージしやすくしたいです。

△「弾けない」が、「弾ける」になる初心者が一番楽しい。

「あの大好きな曲が弾けるなんて、夢だと思っていました」などと弾ける楽しさをもっと強調したいところです。

全体的講評

今回は、思わず楽器を学びたいなぁと思わせるコピーが少なかったという印象でした。表現に懲りすぎ、あるいは考えすぎなコピーが目に付きました。懲りすぎたために、受け手がイメージしづらい、あるいは伝えたいことが漠然としてしまったということです。

楽器が弾けるようになるって、どんな喜びや楽しさがあるのか、楽器が弾けない人から見て、弾ける人のどこがうらやましいのか、50代の人はそれらをどのように感じるだろうか、それらについてもう少し考え抜くことが足りなかったのではないかと思いました。コピーを考える上で基本的なことなので、理解していただきたいと思います。

言葉の使い方や表現は、いろいろなコピーを見たり経験を積んでいくことで、うまくなっていくことが多いので、心配はしていませんが、基本的な考え方を理解していないと後々苦労するので、その部分は身に付けてほしいと思います。

△ 今なら楽しく習える気がする。
なぜ今ならなのか伝えないとわかりづらいです。昔、挫折したけど、またチャレンジしたくなったというアプローチのようにイメージしやすくしてあげましょう。

◎ 今度のママの誕生日プレゼントはこれにしようか。
間接的なルートでのメッセージと始める理由を提案するのは良いアイデアです。「今度のママへの誕生プレゼント、これにしよう」と歯切れのよい表現に。

◎ ママかっこいい、って言わせたい。
潜在的な願望を刺激する表現で良いです。ニーズをウォンツに変えると心が動きやすくなります。

△ ギタ友つくりませんか。
ギタ友をつくるその先まで表現したいです。たとえば「楽器が弾けるようになる。新しい友達ができる。すると毎日が楽しくなるかも」というイメージで。

△ 今までにない感動を。
今までにない感動をどうすれば体験できるのか、そこを案内してあげましょう。たとえば「新しいことを始めると、新しい感動もついてくる。50歳からの音楽」という風に。

○ うまくなったね。孫にほめられた。
アイデアは良いので「じょうずねと、孫にほめられたい」と潜在的な願望を伝えて、共感を得やすくしたいです。

△ ただの旅行が演奏旅行に。
演奏旅行までいくと、少し遠すぎてその楽しさが伝わりにくくなってしまいます。それよりも、田舎の母に、私のピアノを聴いてもらいたい。と親孝行という意外なアイデアのほうがおもしろいです。いくつになっても親孝行したいという気持ちを刺激するのもいいかもしれません。

△ 子供の頃は、やらされたから続かなかった。
同じような内容で、とうの昔にあきらめた夢に再びチャレンジさせるような表現でやる気にさせたいです。後に「また、40年ぶりに始めたくなった」などのような表現が欲しいところ。

○ 家族がバンド仲間になる、週末。
家族でバンドというより、たとえば夫（友だちでも良いですが）とギターデュオを結成しました。などと具体的な表現のほうがイメージしやすく興味を引きやすくなりますよ。

△ 洋服を選ぶように楽譜を選ぶ。
ちょっと弱いですが、アイデアはおもしろいですね。「洋服を選ぶよりも、楽譜を選ぶほうが楽しくなるなんて」と楽しい変化を体験者からの視点で語ってみてはどうでしょう。興味がわきやすくなります。

△ 買い物帰りに気軽に音楽!
気軽に学べるのも魅力ですが、それよりも楽器が弾けるようになる楽しさや喜びを掘り下げた表現のほうが心に響きやすいとは思いませんか。

△ 弾きたい曲がたくさんあるのが大人です。
たとえば「一度、ラブ・ミー・テンダーをピアノで弾きたいな」「前から、特技はピアノです。と言ってみたかった」などと受け手の視点で語ってはどうでしょう。

△ 最後に楽器に触れたのはいつだっただろう?
「50代は、10代の夢を実現するのにぴったりの年齢です」と、今から始めても遅くないと仕向けたほうが、やってみようかなという気にさせやすいです。

○ 今度は私の発表会に来てもらおう。
発表会をするという前の段階である、楽器を弾ける楽しさをまず伝えたほうがその気になりやすいです。発表会ができるまで時間もかかるでしょうから。

△ 音楽でより豊かな女へ。
「豊かな女」が漠然としすぎてイメージしづらいです。まだ「豊かな人生」のほうがわかりやすいです。「人生の楽しみがまたひとつ増える」等のようにわかりやすく表現したいです。

△ 夫婦の間に♪ができた。
♪はデザインとしてはおもしろいです。しかし、わからない人もいるでしょう。言葉で表現する工夫を。

今回のお題 06

大人向け音楽教室の募集広告のコピー（50代の女性に訴求）

○ **熱中する母を見ると なぜかうれしくなる。**

子供の視点からのメッセージは良いアイデアです。「うれしくなる」というより、「なんだか素敵だ」という風に、子供の目にそんな母がどのように映るか語ったほうがやる気が起こると思います。

○ **青春再始動。好きなあの曲、奏でよう。**

青春再始動というアイデアは良いですね。「50代、オンガクで青春始めませんか」とターゲットの年齢を入れて語りかけるともっと伝える力が強くなります。

○ **ひと区切りついたから……。 さぁ、新たな趣味始めませんか?**

短くして「人生ひと区切り、新しい楽しみを探さないと」と背中を押すのも手です。

○ **新しい趣味を家族に自慢しませんか?**

自慢の部分をクローズアップして、たとえば「楽器が弾けるって、けっこう自慢したくなりますよね」等とやる気をくすぐっては。

△ **今まで頑張った自分にご褒美を。**

自分にご褒美という考え方は、買ったことを正当化する言い訳みたいなものです。その意味ではちょっと合わないかもしれません。50代にして、新しい自分が見つかる、というような前向きなアプローチのほうがいいですね。

△ **私の町に、グループサウンズ。**

話が飛躍しすぎています。楽器が弾けるようになるとどんな良いことがあるのか。そこから掘り下げてアイデアを考えてみてください。

○ **旦那サックス、息子がギター、 娘ピアノで、私は?**

アイデアはおもしろいです。母の視点から「楽しそうにギターを弾く息子がうらやましかった」と楽器を弾けないくやしい気持ちを表現して、やる気を刺激すると、心を動かしやすいです。

△ **ドラムいないかなあ……そうだ!　母さ～ん**

せっかく夫婦や親子の声から表現しているので「奥さん、ピアノが上手なんだってね。そう言われると亭主もうれしい」とか「妻がイキイキしていると、家庭もイキイキしてくる」とか夫婦や家庭に及ぼすいい影響からのアプローチがほしいです。

△ **一目惚れした妻に、耳で惚れる今。**

「20年前はひとめ惚れ、今は聞き惚れています」と文体にリズムを出すための工夫が欲しいです。

△ **今日から井戸端演奏会。**

井戸端演奏会と表現に凝るより「おばさんだって、ジャズがしたい」等とストレートに強く訴求したほうが効くもんです。

◎ **オーケストラの一員になること、 50歳からの目標です。**

「50歳からの目標」という提案をしている点がよいですね。

○ **みんな初心者だから楽しめる。 大人のバンド始動って感じ。**

「楽しめる」を「怖くない」にして背中を押してあげましょう。「大人の～」を「さぁ、50代のバンドデビュー」と勢いよく語りかけたいです。

○ **お母さん、あのピアノの音、 お隣りのママが習い始めたんだって。**

最後に「カッコいいね」と一言入れて、ちょっとやる気を刺激させたいです。

△ **楽器を弾くと、人が豊かになるらしい。**

同じ内容で「楽器を弾けるって、なんだか毎日が豊かになる気がしませんか」と学ぶ楽しさを想像させて共感を得ようとすると良くなります。

△ **これからの人生は、音を奏でる私がいる。**

将来のイメージをもっと具体的に表現したいです。たとえば「1年後、楽しそうにピアノを弾く私。人生の楽しみがまたひとつ増えた」と人生にどんな変化が訪れるのか表現すると、もっと受け手はイメージしやすくなります。

△ **タンスの中のフォーマルウェア、息を止めれば入るんだけど……。**

アイデアは良いので、たとえば「いつもズボンを履くときは、息を止めている」とトホホな表現でもっと共感を得やすくしましょう。

◎ **入社5年目、自信もついたがおニクもついた。**

入社5年目だと訴求対象者を限定してしまうので、「キャリアも順調、自信もついたが、〜」と中堅、ベテラン世代にも共感されやすいような表現を心がけたいです。

○ **ポッコリ→スッキリ。**

→だと見た目が、コピーらしくないので「ポッコリから、スッキリに」と表現方法に工夫を。

◎ **スーツを買いに行ったら、ダブルのスーツを勧められた。**

アイデアが良いです。でもお腹が出ているから、スーツがダブルにとは行かないケースもけっこうあると思います。「ワンサイズ上のスーツを〜」でも良いのでは。

○ **あのころのウエストが帰ってくる。**

せっかくなので、冒頭に「はくだけで」と入れて商品価値を伝えるのはいかがでしょう。

全体的講評

今回は全体的にわかりやすく商品価値を伝えようとする表現が多かったです。各自いろいろと、努力していると感じています。その調子です。具体的には商品の良さを伝えながらも、おもしろく表現できている点が向上していると思います。

ただ、中には表現や言葉遣いにおもしろさを追求しすぎて、かえって商品の価値から離れているようなものが見られました。考えすぎやウケ狙いは禁物です。

今回のような健康や美容についての商品の場合、商品を使うことでの喜びやメリットや商品を使っていないため、不便を感じる、いわばマイナスな現状に気付かせる方法、さらにはわかりやすく伝えるために、つまり、要するにどんな商品なのかを何かに比ゆして伝える方法から考えていくと、コピーも作りやすいのでは思います。

ところで、良いコピーを生み出すためには、締切ギリギリではなく余裕をもって締切日の2日前にはコピーをいくつか多めに完成させたいところです。そし1日寝かせて、自分の書いたコピーを冷静に客観的に見直すことも大切です。

△ お腹だけじゃない、気持ちも引き締まる。

この商品を欲しいと思う方は、おなかを引き締めたいと思っており、気持ちまで引き締めようとは思わないものです。そう表現するならば、おなかを引き締めることで、昇進するとかモテるとかもっと具体的で下世話なことをユーモラスに伝えるほうが良いと思います。

◎ はくだけダイエット。

要するに～、つまり～と表現しようとすることは大切です。その意味で、「はくだけダイエット」はわかりやすいと思います。

◎ 「少しやせたね」で今年いっぱい頑張れる。

年の最初と最後で期間が変わってくるので、「今年いっぱい」よりも「しばらくは」「当分は」のほうが良いです

△ ゴメン、おなかのぷにぷに、なくなっちゃった。

意図はわかりますが、「ゴメン」とあるため、どう受け取っていいかちょっと戸惑います。いっそ「ぷにぷにちゃん、別れましょ」のように謎めいた表現で興味を持たせては。

○ ハゲ・デブ・メガネは嫌われがちだ。でもハゲ・メガネは結構モテル。

わかっていても「嫌われがち」だと傷つくかもしれません。商品や会社の印象を悪くすることもあるんです。「ハゲ・デブ・メガネは辛い。でもハゲ・メガネならけっこうモテる」とスマートに伝えたいです。

○ コレを買うと奥さんに怒られます。だって、ズボンのウエスト全部直さなきゃいけないから。

アイデアはとても良いです。が、怒られることのほうがインパクトがあるので、「コレを買うと最初は奥さんに怒られます。だって、ズボンのウエスト全部直さなきゃいけないから。」とするか「コレを買うと最初は奥さんに怒られますが、あとで褒められます」として、リードコピーで怒られる理由とほめられる理由を伝えたいです。

△ 明日、告白します。

これだけでは謎めきすぎてわかりづらいです。何を告白するかチラリと言わないと、スルーされますよ。

△ スーツ姿に自信がありますか?

自信があるないの基準がお腹であることを気付かせましょう。たとえば冒頭に「そのお腹で、」と入れるとか。

◎ 年齢は変えられませんが、体型は変えられます。

買う理由に気付かせるのは良いです。短くいうなら「変えられる」を「若返る」と表現して「体型なら、若返らせます」とも言うことができます。

◎ これぞ男の勝負下着!

わかりやすく言うとどうなんだ、という表現は良いですね。

◎ 食べないだけではお腹はへこまない。

真理を伝えて、買う理由に気付かせるのは良い方法です。

○ 楽してダイエット効果。

「楽して」の部分を具体的に、たとえば「はくだけで」などと言うと伝わりが早くなります。

◎ パパのお腹には、何が入っているの?

第三者の視点でドキッとさせて、買う気にさせるのは良いですね。

◎ 電車で立つと、お腹の前には顔がある。

「電車で立つと」を「電車の中、立つとお腹の前には～」にリズムを出したいところです。

○ 結婚オメデトウ。幸せ太りに気を付けて。

「気を付けて」だと優しいので、「幸せ太りは、不幸せの前ぶれ」などとちょっとドキッとさせたいです。

○ 海から上がっても、外せない浮き輪があります。

たとえば「陸に上がっても、この浮き輪は外れない」と締まる表現が欲しいところです。

◎ 最近、ジャケットを脱ぐ回数が増えました。

お腹が引っ込んだから脱ぐ回数が増えたのか、脱ぐ回数が増えたからお腹を引っ込めなくてはと思っているのか、両方使えるので、どちらを伝えたいのか工夫が欲しいです。

今回のお題 05

メンズ矯正下着「スタイライナー」の広告コピー

△ **ベルトの穴がひとつ減った!**
矯正下着ですから、着るだけでいいという特徴があります。その「簡単にできる」部分をプラスしましょう。「がんばらなくても、ベルトの穴をひとつ減らせた」のように。

△ **イケテル親父は買っている。**
やや説得力に乏しいので、ユーモラスに「イケテル親父は、まずお腹回りから」と動機付けをしたいですね。

○ **この体型なら、娘の彼氏と勝負できる。**
アイデアは良いです。娘がいない人、若い人にも訴求したい場合のアイデアも考えてきましょう。

◎ **着るだけで、あの頃の体型に。**
わかりやすく、商品価値を伝えている点が良いです。

○ **お店で1サイズ小さいスラックスを薦められた。**
「なぜか、1サイズ小さい～」と理由を知りたくなるような表現で、もっと興味を持たせたいです。

○ **年齢は維持できませんが、体型は『スタイライナー』で維持できます。**
努力次第で体型が維持できることに気付かせることができるので、「スタイライナー」はなくても良いです。

○ **いつまでも、自慢のパパでいたいから。**
「『あれ、お腹が出てきたね。』と娘に言われたショック」というような、ありそうな、ドキッとする表現で関心を引くともっと効果的です。

△ **手間ひまいらず、一瞬にしてスリム。**
「一瞬にして」までは表現できないと思います。「面倒くさがりだ、でもスリムになりたい」と共感を得やすい伝え方にしては。

△ **スタイライナーで体型のタイムスリップしませんか?**
「体型を、過去に戻せませんか」ともっとわかりやすく伝えたいです。

△ **いつまでも、スーツの似合う人でいて。**
スーツが似合うことと、スリムな体型になることを連想させたいです。たとえば「細身のスーツ」と具体的にするとか。

△ **お腹が引っ込んだ。スーツが映えた。**
「腹が引っ込んだだけで、こんなにスーツが映えるのか」という風に、スリムになった感動をもっと強調したいです。

△ **忙しくても、下着ははくでしょ?**
無理なくできる点への着目は良いですが、商品価値がわかりづらいです。「ある意味、勝負下着」と大胆に言っては。

△ **束縛されると、燃えるアイツ。**
意図はわかりますが、考えすぎです。商品価値が遠くなりすぎて、わかりづらいです。まず簡単に伝えることから始めましょう。

△ **たるんだ俺にゲルマ魂。**
裏地に「ゲルマニウムパワーネット」を使っている商品だということを言いたいんですね。個人的にはウケました。が、これも商品価値が遠くなってわかりづらいです。なるべく表現は誰にでもわかる言葉で言ってください。

○ **男の“ボンッ”はイケてない。**
「イケてない」よりも「みっともない」と強い表現で危機感を持たせたいです。または「男だって、キュッとなりたい」と願望を言う表現もできます。

◎ **はいているお父さんとなら一緒に歩いてもいいかな。**
近しい人からの声は、説得力があります。長いので「～なら、一緒に～」と読点がほしいです。それと、おなかを気にする若い人向けに訴求する場合は、違う表現が必要ですね。

△店外デート自由。

発想はおもしろいのですが、スクールなので誤解を受ける表現はＮＧです。

△他人が見たら誤解するほど親密な関係を、講師と築ける英会話学校。

狙いすぎです。同性同士というケースもあるかもしれません。マンツーマンの良さを違うアイデアで伝えたいところです。

全体的講評

今回は「好きなときに好きな場所で、英会話のマンツーマンレッスン」という7アクトの良さを伝えるコピーを考えてもらいましたが、「どう言うか」にとらわれて、表現に凝ろうとするあまり、わかりづらくなったり、ピントがややズレたりしたコピーが目立ちました。サッカーで言えば、簡単なパス一本で味方にボールを渡せたのに、つい自分のテクニックを見せようとドリブル突破を試みて、結局、相手に捕まってボールを取られてしまったという感じです。もっとシンプルな表現で伝えるといいのにという印象です。

表現がうまい下手ということではなく、コピーの思考プロセスに改善の余地があると感じます。好きなときに好きな場所でマンツーマンレッスンを受けられるとどんないいことがあるのか、どんな気分になるのか、あるいはどんな不満が解消されるのか、または、それがないとどんな不満や不便があるのか。他のスクールだとどんなデメリットがあるのか。そういったシーンから考えて、特徴を表現していけばそう難しくはないと思います。

それだけに、今回はわりとおもしろい表現が多く出るかなと期待していましたが、少なかったのが意外でした。自分の考えたコピーは果たして、わかりやすいか、シンプルか。ときには書いたあとに、しばらくして自分で検証してはどうでしょう。

△ 外人の友達がいるアイツが羨ましい。

英会話を習う理由にはなりますが、その中で7アクトを選んでもらうには何を言うべきか。もし講師のことを外人の友達と言っているのならわかりにくいです。「まるで外国人の友達に教えてもらう感じ？」等と比ゆしていることを察してもらえるような表現が欲しいです。

○ 今度はあのカフェで。デートのような約束で会話が弾む。

本音ではそういう部分はあるかと思いますが、スクールなので講師と生徒の一線をくずしそうな印象を与える、たとえばデートのような表現は避けたいところです。「なぜか気分がわくわく、会話も弾む」と少々思わせぶりな表現に言い換える工夫が欲しいです。

△ 好きな場所なら、気持ちの壁がなくなった。

やや狙いすぎです。「気持ちの壁」がなくなるとどうなるのか。そこまで伝えてほしいです。

○ 街中で先生と2人。周囲の視線がいい刺激。

そういうこともあるかとは思いますが、もし恋愛っぽさを意識してるのであれば気を付けてほしいのですが、生徒と講師は必ずしも異性であるとは限りません。スクールの広告なので誤解を受けやすい表現は避けましょう。

◎ あなたの都合で、どうぞ先生を独占ください。

好きな時に好きな場所でマンツーマンという良さが伝わって良いです。

◎ 好きな場所で2人だけ。どんどん話したくなるんです。

生徒の視点で、良さを伝える点が良いです。サブコピーで、話すほどに上達することを伝えればわかりやすくなります。

△ あなたの日常に英語を話せる機会はありますか？

英語を学ぶことの必要性を問いかけることは間違いではありませんが、7アクトの特徴に結びつくような問いかけが欲しいところです。

△ 怠け者の私は、ひとりじゃ続かない。

普遍的な悩みですが、7アクトがそれを解決できるかもしれないことを示唆しないと、スクールの良さが伝わりません。「グループレッスンだと、思うようにしゃべれないかも」というふうに特徴につなげたいです。

△ 話せる環境を作ることも上達するひとつです。

7アクトを知らない人にとって、「話せる環境を作る」ということがイメージしにくいです。環境作りに焦点を当てるのであれば、「重要なのは、講師の質でも、レッスンの回数でもなく、話せる環境であるかどうかである」と強調するような表現にしたいです。

△ カフェでは先生と生徒には見えない。

生徒にとって、カフェで学びことの良さとは何かをもう少し掘り下げて欲しいです。リラックスできるから勉強がはかどるとか、ちょっと贅沢な気分がするとか、良さそうだなと思わせるアイデアが必要です。生徒と先生に見えないだけではちょっと弱いですね。

△ どんな会話も受け止めてくれる人がいるのは嬉しい。

これも普遍的なことですが、7アクトの特徴につながりにくいです。マンツーマンでもグレープレッスンでも、会話は受けとめてくれるのでないかと思います。

△ 講師以上、恋人未満。

ドラマのコピーならいざしらず、プライベートレッスンといっても英会話スクールの広告なので、変な誤解を受けるような表現は避けましょう。

○ 出勤前にカフェで、会社帰りにレストランで。私、英会話に通っています。

「〜私、英会話に通っています。」を「いえ、英会話の話です」と受け手の想像を軽く裏切るような、テンポのよい表現にしたいです。

△ 都合のいい外国人紹介します。

表現がやや乱暴。ドキッとする表現にしたい場合でも、スクールにふさわしい表現を心がけましょう。

○ 意外になかった、出張英会話

「意外になかった」というのはフックが効いています。ただ出張というと自宅出張のように取られます。自宅には出張しないはずです。商品情報をよく知った上で考えてくださいね。

△ 二人だけだと何でも話せる

マンツーマンのメリットは何でも話せるという表現より、たとえば「講師をひとり占め」という表現のほうが伝わりやすいと思います。

△ マイイングリッシュペース

マイペースと掛けているのですね。ちょっとわかりにくいです。あまり想像力を要さない表現を心がけましょう。

△ 皆がいないぶん、あなたが話す

マンツーマンの良さを言うならば、「たくさん話せます」とかメリットを強調しましょう。また、好きなときに好きな場所での部分を伝える場合、「たとえば仕事帰りにカフェで、プライベートレッスン」と、利用シーンを伝えるアプローチもあります。

◎ モバイル英会話

モバイルという表現はいいですね。ただ、モバイルがどこに掛かるのかわかりやすくするとイメージしやすいです。たとえば「モバイルする、英会話スクール」とか。

△ 英語アレルギーの症状によって、処方箋は違うはず。

好きなときに好きな場所でマンツーマンレッスンという特徴を伝えるのが目的ですが、このコピーではそれがわかりにくいです。難しく考えていませんか。また、処方箋が違うということから、7アクトの良さにどう結びつくのかわかりにくいと思います。受け手は突き放された感じがします。わかりやすくシンプルに伝えることを心がけましょう。

△ 一言話すのに、いくら払ってます？

いくら払っているか、それが高いのか安いのか、そう問われてもほとんどの方がわかりません。考えすぎないように。

△ 英語をマスターする秘訣は、続けることです。

普遍的なことなので、間違いではありませんが、続けられるシステムが7アクトにあるならば、それを連想させる表現にしないと、良さが伝わらないと思います。

△ これはもうリハーサルです。

受け手はちょっと考えないと、リハーサルという意味に到達できません。さらにそれがどういうメリットをもたらすのか、また考えなくてはいけません。あまり想像力を要するコピーはスルーされてしまいます。

△ 日本人の英語が飛び交う授業だから、上達しなかったんだ。

グループレッスンのデメリットを言っているのでしょうか。経験者ならピンときますが、グループレッスンもマンツーマンも未経験な人にはわかりにくいかもしれません。たとえば「グループより、ソロ志向の方が上手くなる」とわかりやすく、興味を持たせるような表現を心がけたいです。

◎ グループだと、ついついわかったフリをしていた。

グループレッスンで失敗したことのある人が共感しやすい表現になっています。お客の視点で語ることは大切です。

△ 間違った英語は日本人に聞かれたくない。

これは勉強中のことでしょうか。グループレッスンのことを言っているのか、日常のことを言っているのか、ややわかりにくいです。

◎ 「いつでも」は常識、「どこでも」が新常識

差別化を表現している点はいいです。また「好きな時に」は常識、「好きな場所で」が新常識。と「好きな」というほうが「いつでも」「どこでも」よりハッキリしてわかりやすくなります。

○ 人が多いほど恥ずかしい

グレープレッスンのデメリットですね。「〜、恥ずかしいと話せない」とわかりやすくデメリットの強調をすると共感を得やすくなります。

今回のお題 04

マンツーマンの英会話学校「7アクト(セブンアクト)」の生徒募集の広告コピー

○ **忙しい人にこそ英語が必要だ。**
7アクトならいつでもどこでも
マンツーマンレッスン。

なぜ忙しい人が英語を必要とするのかわかりにくいです。「忙しいから英語が勉強できない。そんな人のためのスクールです。いつでもどこでも～」とシンプルに表現してはどうでしょう。

△ **海外旅行、カフェには行く。**
教室には行かない。

方向性は悪くないですが、難しい表現になって伝わりにくくなっています。「たとえば、カフェで英語をマンツーマンレッスンなんてワガママですか」と簡単に言うとか。

△ **「忙しい」を言い訳にできません。本当に英語をマスターしたいなら、7アクト。**

痛いところを突くのは悪くないですが、何だか責められている感じがします。「忙しいから、英語の勉強は無理だとあきらめていません？」と共感を得るようなメッセージにしたほうが興味を持ちやすくなりますよ。

△ **英語が耳と生活にフィットする。**

表現に凝りすぎです。たとえば「時間もお金も有効に使いたいですね。英会話スクールだって同じです」とわかりやすく伝えることを心がけましょう。

△ **急がば7アクト。忙しい人に、いつでもどこでもマンツーマンレッスン。**

忙しい人は7アクトに、と言いたいので、「急がば～」ですね。それよりも、いつでもどこでもマンツーマンで勉強できるということに、どんなメリットがあるのか、というところから考えてみてはどうでしょう。

○ **留学も携帯する時代。**

アイデアは悪くないですが、表現がわかりづらいです。シンプルに「モバイル英会話スクール？」と興味を引きそうな表現を心がけましょう。

△ **片言じゃ誠意は伝わらない。**

英会話を勉強せねばという気にはなりますが、好きな時に好きな場所で学べるという特徴を語っていません。

○ **コーヒーブレイク、ついでにレッスン。**

目の付けどころは悪くないですが、ブレイクしたいときはゆっくりしたいものです。視点を変えて、「お気に入りのカフェが教室になる」とどこでもの部分を強調しましょう。

△ **デートに備えて、デートしよう。**

デートはおもしろい表現ですが、誤解を受けやすいので使えないと思います。

△ **商談は2度ある。**

考えすぎです。好きなときに好きな場所でマンツーマンということを伝えましょう。

◎ **カフェで、家で、スタジアムで……、**
外国人の友達から学ぶ気軽な感覚です。

「～、外国人の友達から気軽に学ぶ、そんな感じです」と歯切れのよい表現に。

○ **あなたの時間、7アクトが合わせます。**

時間だけでなく、場所も合わせることを伝えたいです。たとえば「時間も場所もオーダーメイドできます」とか。

△ **「忙しい」は、言い訳になりません。**

それよりも、「忙しい方のためのスクールです」とポジティブにストレートに言うほうが共感を得やすいです。

△ **まずは、学べる環境作ります。**

学べる環境は当たり前なので、学びやすい環境とか話せる環境とかメリットがわかるような表現にしたいところです。ただ、学べる環境だと曖昧なので、具体的に言わないと特徴が伝わりませんよ。

◎ **7アクトでは、**
場所と時間はあなたが選んでください。

「7アクトでは」はなくても良いです。

△ 今ある名作本の素（もと）。
だから読んでほしいとその気にさせる表現が欲しいです。ただ商品の価値が欠けているのでよく考えてください。

○ いつか読もうと思っていた本ばかり。
商品価値を伝えない点は気になりますが、買う理由に気付かせる点はできていると思います。

△ 家の本棚にあるかもしれない本。
これも商品価値が何なのかわからず。価値を伝えることからコピーを考える習慣をつけてほしいです。

○ クーラーのきいた涼し〜い部屋で、ゆっくり文学する夏。
アイデアは良いですが、文学する価値を伝えないといけません。

△ 夏の日の午後。そうめん、文学、蝉しぐれ。
文庫のキャンペーンのコピーだったら良いですが、売り場のＰＯＰに使うので、商品価値を前に出したアイデアが欲しいです。

○ 昔から人間は、悩んで、泣いて、バカだった。
「昔から人間は…よく悩み、よく泣いた。だから学べることもある」と読む価値を伝えたいです。

△ ロングヒット文学！　おもしろくて、いまだ絶版にできません。
表現をもっとシェイプアップして、「正直、いまだに絶版にならないのは、中身がおもしろいからだ」と自信満々で本の存在価値を伝えましょう。

○ 名前を知っているだけで、読んだ気になっていました。
アイデアはいいと思いますが、読ませる理由としてはやや弱いです。「知ったかぶりがバレる前にとりあえず一冊」と誘導が欲しいです。

全体的講評

全体的に、いろいろとおもしろい表現があって、その点ではよかったのですが、それでも、まだ商品の価値を伝えていくアイデアが偏っていたり、不足していました。たとえば、ちょっと前に「問題な日本語」「声に出して読みたい日本語」など日本語関連の本がベストセラーになったり、最近では「国家の品格」など日本人を再認識させるような本がヒットしていました。世間では「日本人らしさ」を見直したいという空気があるのだと思われます。そんな時代をすくい取るようなメッセージがもっとあってもよかったと思います。美しい日本語を知ることの良さに焦点を当てたアイデアがなかったのは、ちょっと残念でした。

また、人間のちょっとした下世話な心理をつくものがあってもよかったです。名作と言っても、恋愛、どろどろ三角関係、官能、犯罪、ミステリーなど刺激的な要素がある作品が多数あります。人は感動的な美しい話ばかりに興味を示すものではありません。エロや犯罪といったものについ反応してしまいます。そんな心理をつくようなアイデアも、商品の価値を伝える技のひとつです。

商品の価値をさまざまな角度から光を当てることが大事です。普段から、いろいろな情報のインプットに努めましょう。

また、アイデアは良いものの、表現がうまくできずに、心を動かすまでに至らないコピーも目につきました。世の中の広告だけではなく、本のタイトル、雑誌の見出しなど思わず興味を持ってしまうような表現にも日ごろから関心をもって見ることをお勧めします。

△ いま話題の作家たちは、日本の近代文学を読んで育った。
商品価値の伝え方がやや弱いです。「いま話題の作家たちに影響を与えた名作」と強調した方が興味を持ちやすいと思います（事実関係は調べる必要はありますが）。

○ 教科書だけで、わかったつもりでいませんか？
共感を得やすい表現ではありますが、教科書だけでは味わえない価値を表す一言をちらつかせると、興味を持ちやすくなります。たとえば「教科書のダイジェストでは、恋の切なさも嫉妬に狂う心もわかりません」というように。

○ マンガばかりの彼が、日本の近代文学に詳しかった。
終わりのほうで「ちょっと尊敬してしまいました」などと受け手がうれしくなるよう伝えたいです。

△ 明治から昭和初期のベストセラー、揃ってます。
その頃のベストセラーはどこが光っているのか。言葉、内容といろいろあると思いますが、そこに焦点を当てると興味を引きやすくなります。

○ 平成の感性ではないから、新鮮。
新鮮な部分をもっと具体的にして考えるとわかりやすくなります。たとえば「日本語の使い方が、とても美しい時代でした」といった具合に。

△ 忙し過ぎて愛や人生を考えることもないあなたへ。
忙しい人よりもたとえば「愛や人生に迷っているあなたへ。答えはここにあります」と悩みを抱えた人へアプローチしたほうがより商品への関心を引きやすくなります。

○ 日本人の心、忘れていませんか？
アイデアは悪くないので、表現に工夫を。たとえば「失われつつある日本人の美意識、取り戻すチャンスです」と読むきっかけを提案してあげるといいですよ。

△ 読んだら五感に効いてきます。
読んだら五感にどう効いてくるのか。そこを伝えると、商品の価値がわかりやすくなると思います。

○ 品格というものが確かにあった時代です。
品格という旬の言葉を使うのは良いです。末尾は「～が確かにありました。あなたにはあるだろうか？」と関心を持たせるような表現で興味を引く言葉が欲しいところです。

△ 最近見ない、いい女と男に会えます。
名作小説の中には、いい女や男もいますが、けっこうどうしようもないやつや犯罪者もいます。違う表現が欲しいところです。

○ 名作には恋愛小説が多い。
恋愛小説もいろいろあります。具体的にいうと関心を持たれやすくなります。たとえば「三角関係、不倫、片思い……名作で知る恋のかたち」のように。

○ 名作から一文借りたら、一目置かれるメールになった。
表現にテンポがあるともっと良くなります。たとえば「メールに名作を引用してみた、一目置かれるようになった」とか。

○ きれいな人なのに、言葉がブスだった。
アイデアはいいです。視点を変えて「きれいな言葉を使う人は、なぜかきれいに見える」などとポジティブなアプローチも忘れないでください。

◎ 読んでない親が、「読め」とは言いにくい。
読ませる理由に気付かせるアイデアがいいです。

△ 100万部売れるより、100年残るほうがニュースだと思う。
100年残るだけの理由を言わないと説得力が出てきません。

△ 感想文が嫌いだったあの夏へ還ろう。
たとえば「読書感想文は書かなくてもいい。だからじっくり読んでください。人生変わるかも」など、もっと読む理由に焦点を当ててください。

△ 今なお日本代表。
アイデアはいいので、代表たる所以を伝えないと読んでみようかと心は動きません。もう一言欲しいです。

今回のお題 03

「日本の名作を読もう!」キャンペーンの店頭に使うPOPのコピー

○ **最近、泣いてない……。名作で泣こう。**

「泣ける」というのは最近、マーケティング力のある言葉です。アイデアは悪くないです。「最近、泣いた？」のほうがコミュニケーションしやすいです。でも、泣けない作品もあるんですよ。さて、どう言うか？

◎ **人生変える一言が、ここにはある。だから、名作なんだ。**

「だから、名作なんだ」はなくてもいいです。代わりに冒頭に「迷っている人へ」と置くとぐんと距離が近くになります。

○ **学生時代、内容までは教えてくれなかった。**

読む理由を気付かせるアイデアはいいです。あとひとつ読みたくなる何かがあるともっといいです。たとえば「今なら人生を変えることができるかも」で締めるとか。

○ **名作なのには、理由がある。**

その理由をもっとハッキリさせましょう。たとえば「いつの時代でも、人生を教えてくれた。だから、名作なんだ」という風に。

○ **100のうち、いくつ話がわかりますか？**

たとえば「あなたの悩みを解決する、100の方法」というアプローチのように興味を持たせましょう。

△ **高い海外旅行より、ゆっくり格安な空想旅行**

海外旅行と比較するのは悪くはないアイデアです。しかし、それでは話題作でも通用します。日本の名作ならではの価値を伝えることを優先するべきです。

△ **“LOVE”より“サランヘヨ”よりも“愛してる”が聞きたい**

アイデアはおもしろいですが、わかる人にしかわからないのが難。いっそ「声に出して読みたい、美しい日本語があります」とストレートに伝えたほうが心を動かしやすいです。

△ **知らなきゃ恥!　作家の顔を見て、代表作とあらすじを言えますか？**

「恥」と言われると不愉快になる人もいるので、この場合はふさわしくありません。読むことで得られるメリットは何でしょうか。そこから考えるといいアイデアが浮かびやすいですよ。

△ **読書の秋は日本の文化! 今こそ読もう、日本文学**

読書の秋で動機付けするなら、「読書の秋、今読まないでいつ読む、日本の名作」と急かすように言うのも手ですよ。

△ **敬老の日直前!　覗いてみよう、おじいちゃん、おばあちゃんの若かりし日々を**

方向性は悪くないですが、商品価値との関連を持たせましょう。たとえば「恋や将来の悩み、おじいちゃんも、おばあちゃんもここから学んだ」という風に。

△ **最近おもしろいことあった？**

続けて「退屈な毎日が変わるかもよ」と商品へ興味が移るよう誘導する一言がほしいです。

△ **あの頃の思いを取り戻そう。**

「あの頃の思い」がイメージしにくいです。たとえば「あの頃感じた恋の切なさ」というように具体的にすると伝わりやすいです。皆が皆、想像力が豊かではないのです。

△ **一冊のなかに感情はいくつあるだろう。**

感情がいくつあることを知っても、本を読ませる説得力はあまりありません。日本の名作を読むことのメリットとは何か。そこから考えてみてください。

△ **通勤が待ち遠しくなる。**

もう少し踏み込んで、通勤する時間がこんなに変わるんだというメリットを伝えると良くなりますよ。

△ **作家の性格を推理するのも一興。**

ちょっとマニアックな楽しみ方です。ピンとこない方もいそうです。誰もがおもしろそうな楽しめる一興があるといいです。

○ 本場でも、美味しいものはけっこう高い。お金は旅先で使おう!スカイバーゲン。

「スカイバーゲン」はなくてもいいです。「お金は運賃よりも旅先で～」の方が親切です。

○ 夏の間もがんばって働くアリさんへご褒美!（キリギリスさんには教えないでね）

お得なニュースという感じはいいです。「～がんばったアリさんへ～」として「働く」は省いてもいいです。

◎ ひと夏の恋が実ったら恋人と。ひと夏の恋に破れたら友達と。

いいアイデアです。違うバージョンを見たいです。

○ 外国人とニッポンについて話したら、相手のほうが詳しかった。

これもアイデアはいいですね。「日本を知らなくちゃ」というような締めの一言があると、説得力も高くなります。

◎ お父さん!なにげなくした旅行の約束、子供たちは忘れてませんよ。

ひらがなが多く間延びするので「なにげなく言った」としてみては。

△ 2カ月前からワクワク。もう旅が始まりましたね。

2カ月前からのワクワクは、なにもこの商品に限ったことでないので、動機付けにはちょっと弱いです。

◎ この旅は、浮いたお金で贅沢できる。

安くなるとどういうメリットがあるか、商品の価値をうまく言っているのがいいです。

△ 部長まで、スカイバーゲン休暇をとるらしい。

スカイバーゲン休暇と言うならば、お得感などその価値を伝えましょう。

○ あの土地の、もぎたて秋味が手招きしている。

もぎたて秋味を具体的に言うと伝わりやすくなります。行く先の秋味を全部並べてみるとか。

○ 旅行は人を輝かせるスパイス。

スパイスの必要性に気付かせるとよくなります。マンネリな毎日をピリッとするとか。

全体的講評

前回ほど、商品情報が多くないせいか、いろいろなアプローチができているようで、その点は少し進歩が見られました。ただし、安さゆえのお得感や込まない時期に行くメリット以外にも、旅に行きたくなる理由はもっとあるかと思います。たとえば「旅」は思い出を作れる商品です。そういう情緒的な面でのアプローチがもっとたくさんあってもよかったと思います。商品の上手な使い方を提案してあげるようなコピーが少なかったということです。

次のコピーは、昨年展開されていたANAの「超割」の広告からのものです。

母だけで楽しむ「母の日」を、予約します。
（母の日向け）

30年ぶりの川の字を、予約します。
（夏休みの家族旅行向け）

それぞれの道へと歩みだす前に、みんなでいっしょに旅へ出よう。（卒業旅行向け）

いずれも、心に染みてくるような、旅という商品の特性を生かしたコピーです。「それっていいよね、私も旅行に行きたくなった」と思わせてくれます。これも動機付けなんです。でも、しっかり商品の使い方を提案していますね。人は感情で判断する部分が大きく、理屈はあとで都合よく付けるものです。商品の使い方を提案してあげる、使う理由を気付かせてあげるという点は外さず、感情に響く表現ができるようになると、動かすコピーが書けるようになります。

表現の部分では、みなさんなかなかいいセンスしていると思います。あとは、いかに良いアイデアをたくさん作れるかです。もう少し動機付けのコピーを学びましょう。

○ 次こそ本当の、リフレッシュ。

たとえば「夏の疲れを癒す、最後のチャンスです」と切迫感を出すと、心も動きやすいものです。

◎ 息子の絵日記が、すべてご近所だったから

共感を呼びやすいアイデアですね。「子供の絵日記には、近所のことしか描かれていない」とすっきりと表現しましょう。

◎ その残り少ない夏のボーナスでも行ける旅

冒頭の「その」は不要です。または「夏のボーナスも残りわずか、でも旅行したい」と消費者の視点で言う方法もあります。

△ 安く旅行するも良し、出張費浮かせるも良し。

早く出張が決まっている人はいいですが、出発日の49日前に購入しないといけないので、動機付けとしてはちょっと弱いです。ビジネスよりもプライベートでの利用での提案のほうが良いです。

○ 混んでないときの旅こそ通

短いコピーなのに読みづらく見づらいです。たとえば「ツウは、混んでいないときに行く」のようにすっきりさせたいです。

○ この時期にしか見れない景色を見よう。

アイデアはいいです。しかし、どんな景色なのかイメージが沸きにくい。やや長くなりますが、それぞれ行く先の見ごろの場所を並べて、「全部この時期にしか見れません」と締めると関心が持たれやすくなります。

○ みんなが仕事のときに遊ぼう

その優越感をもっと前面に出して、「みんなが働いている時に、遊ぶのはちょっとうれしい」とか。

△ 夏のおわりにひとっとび

ひとっ飛びする楽しさが伝わる一言が欲しいです。

○ 東京とは違う季節を感じよう。

アイデアは悪くないです。「東京の秋にはない秋があります」とか違いへの期待感が高まるような表現が欲しいです。

○ 休みの時くらい、人込みは避けたい。

コピーの末尾「でも出かけたい」とわがままの解決と商品を結びつけるともっと良くなります。

○ 日本人は、わざわざ人込みに行きます。

人ごみに行って被るデメリットが伝わるような言葉が欲しいです。「疲れる」とか。

△ 最大2ヶ月間も、ワクワクできる。

確かにそう言えますが、旅に行きたくさせる理由としてはプライオリティは低いです。

○ 他人が働いてるときに、のんびりしませんか?

他人の働く姿を尻目に、のんびりする楽しさをもっと出すような、優越感に浸れるような表現にしたいです。

○ 人込み、好きですか?

好きな人はほとんどいないと思います。「それでも、人ごみに行きますか？」と行かざるを得ない、くやしい心理を突くほうが考え直すきっかけにつながると思います。

△ とりあえず予約しちゃえば? なんとかなるって!

ちょっと投げやりに感じます。予約させればこっちのものと思われて印象は悪くなります。「旅」という商品にはやや軽い表現です。

△ 子供の頃のわくわく感を味わいませんか?

旅は大人でもわくわくしますよ。それを言うなら子供ならではのわくわく感を具体的に表現しましょう。

△ 「あいつ何で休んでるの?」と言われてみたい。

「うらやましいなぁと言われてみたい」のほうがうれしさは大きいと思います。

△ 必要なのは少しのお金と時間です。

少しのお金と時間で、大きな楽しさがもたらされるところまで伝えましょう。

○ どこか行きたいなあと思うだけではどこにも行けません。

少しドキッとさせるのはいいアイデア。「どこかに行きたいと思うだけでは、〜」と表現をシャープに。

今回のお題 02 スカイバーゲン（飛行機の割引運賃）の広告コピー（需要が少ない9月に出す場合）

○ **9月の空って、おいしいね。**
わかりやすく「空」を「旅」にして、「9月の旅って、おいしいかも」とその理由を知りたくなるよう仕向けてみよう。

△ **夏休みにリベンジ!!**
思うように夏休みが取れないことへのリベンジという意味なら、「今から計画、夏休みのリベンジ」と商品へ導入する一言が欲しいところ。ちょっとわかりづらいかな。

△ **標準語ばっかり、つまんない!**
つまんないと思う理由を「標準語ばっかり」で象徴するのはちょっと無理があるかな。

△ **秋分の日って?**
秋分の日をもっと生かす提案はないかな？　これもわかりづらいのが難です。

○ **人ごみって高いね。**
アイデアはいいと思いますが、「人ごみ」が観光シーズンだと混んでいるという意味なら、「混んでいる時期に、高いお金を出していくのはもったいない」とストレートに言ってみては？

○ **忘れられない夏がある。**
待ちきれない秋もある。

表現はうまいのだけど、旅行をしたいなと思わせるものが足りません「(例:旅の楽しみやスカイバーゲンを利用するメリットを言う)、秋が待ちきれない」と具体的なイメージを伝えたほうがいいですよ。

△ **夏休み後も頑張れるように。**
旅に出るには、理由が弱いです。もっと具体的に旅行したくなるような楽しみ方の提案をしてあげてください。

△ **人生は遊んでなんぼだ。**
遊んでなんぼの「ナンボ」がもっと具体的になるといいなぁ。

○ **楽しむ人は得をする。**
スカイマークで得をする。

得をするという表現は良いですが、それ以上に旅にいく楽しさに気付かせるアプローチが欲しいです。

△ **ちょい旅、しようか。**
「ちょい旅」と言うと近場にいくというイメージがあります。お得感を出したいなら「価格はちょい旅」とか、ちょいのイメージをわかりやすくすることです。

◎ **お盆に実家に帰ったら、**
そろそろ親孝行しなくちゃと思った。

「お盆に～帰ったら」の部分の「実家に」を省くか、「帰省するたび」と言い換えるか、短く表現するとコピーにリズムが出てきます。

◎ **お母さんたちが行く、夏休みお疲れ様、の旅。**
いいアイデアです。「お母さん、夏休みお疲れ様ツアーはどうです」と歯切れよく。

○ **紅葉したら、また見にいこうよう。**
これもおもしろいアイデアですが、紅葉の前に行く理由があるといいですね。紅葉の下見ついでのおいしいもの探しとか。

◎ **観光客が少なくて、**
人気スポットも独り占め、かも。

「観光客が少ない。人気スポット独り占めかも」と冗長さをなくすとコピーのテンポが良くなります。

○ **子供の声がしない。それだけで、同じ**
場所とは思えない、いいムードです。

悪くないアイデアですが、その場所のいいムードのイメージが沸きにくいですね。具体性がないと説得力も半減します。

○ **家族が増えると旅行が減る。**
「家族が増えても、旅行は減らしたくない」と消費者の声を代弁するほうが共感を得やすく、動機付けにつながりやすいのです。

○ 28日間で女性が触れたくなる肌へ。

具体的な数字を出すアプローチはいいです。「女性が触れたくなる肌」より「モテ肌」と流行を取り入れるのも手です。

△ 今夜は徹夜だ。

たとえば「今夜は徹夜、ビタミンB2を忘れるな」と商品の必要性を伝えましょう。

△ 今週の日曜はデートだ。

これも同様に、後に続けて「ビタミンB2が必要だ」と必要性を伝えたい。

△ 今日は朝から元気だ、そういえば昨日飲んだからか。

「そういえば」を「昨日飲んだからかなぁ」と思わせぶりな言い方にして興味を引きましょう。

◎仕事で疲れて遊べないなんて、腹が立ちませんか？

共感しやすい表現がいいです。その調子。

◎スタミナ定食を食べる暇もない、あなたに。

「スタミナ定食」もいいですが、ビタミンB2の摂れる食物のほうが具体的でいいでしょう。

△愛され続けてる理由をあなたにも……。

ロングセラーという訴求よりも、商品のメリットに焦点を当てたアプローチのほうが効きます。

△溜めない体にする。
いらないものは外に出す。

商品の価値に沿って、もっと身近で具体的なアプローチ、たとえば「男の肌荒れ」から考えたほうがいろいろとアイデアが出ますよ。

△疲れている彼より、
元気な彼が魅力的???

メッセージが男性向けなので、「元気な彼～」では反応しません。使う立場から考えてみたらどうです？　たとえば「取引先に、いつも疲れてますねと言われる」とか。

△効果があるから、ロングヒット。

ロングヒットよりも、プライオリティの高い、商品特徴からのアプローチで考えてみましょう。

△2粒から始まる……幸せもある。

幸せをもっと具体的に伝えたいところ。たとえば、「モテる」とか「見た目年齢が若くなる」とか考えられますよ。

△いつも疲れた大人の男＝オジサン。
いつも元気な大人の男＝オジサマ。

対比のアイデアはおもしろいですが、オジサマの価値がわかりづらいです。「まだ20代なのに、社内ではオジサマと言われている」とか、トホホ路線のほうがいいです。

△人生に疲れてヤケ酒飲んだ。
次の日もっと疲れてた。

たとえば「ヤケ酒を飲んでも、疲れない」とメリットを言ったほうがいいですね。

○肌のキレイなキムタクと肌のキタないキムタク、どっちがモテると思います？

キムタクのようなイケメンよりも、たとえばキム兄とか親近感のあるタレントのほうが説得力あります。それと「どっちがモテる？」と短くするとコピーが締まります。

△オトコのスキンにアレはいらない。
男の肌あれにもチョコラBB。

「女性だけに使わせるのはもったいない」と男にも効くことを強調したほうがいいですね。

全体的講評

メーカーの方が見たらニコニコしそうなコピーもありました。全体的に気になるのが、商品についての理解が不足、そしてそれゆえの、表現やアプローチのアイデアの不足がありました。それができれば、もっといろいろな商品の価値の伝え方ができたと思います。

たとえばビタミン。ビタミンにもいろいろありますが、この商品の特徴はビタミンB2。ここにフォーカスしたコピーがなかったのは驚きでした。また、同じビタミンを摂取する方法でも、栄養補助食品であるサプリメントに比べ、医薬品という信頼性を訴求する方法だってあります。しかし、表現のアイデアについてはおもしろいものもあって、そこそこだったと思います。

もっとも、「動機付ける表現」をあまり見かけなかったのはおおむね予想していましたが、少ないのがちょっと残念です。商品情報をよく読み込んで、使うメリット、使わなかったために被ったデメリットから どんどん掘り下げて、「何を伝えるのか」を考えてください。使う理由を気付かせたり、使い方を提案するなどアプローチもいろいろあると思います。動機付けさせるコピーの考え方を練習しましょう。

○ 何気なくページめくっていませんか？
目を止めさせるには良いアイデアです。でも商品の価値は？

◎ 子供と遊ぶと気分は晴れるが、体が重い。
「気分は～」を「ココロは晴れるが、カラダは重い」と漢字を減らすと見た目もきれいになります。

◎ 男性諸君、「しんどい」が口癖でどうする？
「しんどい」は主に関西で使われる表現ですね。全国でも使える表現だともっといいです。

○ タフな男にも、限界はある。
「タフになるには、まずビタミンB2」とタフと商品価値を結びつけて提案したほうがいいですよ。

○ そのため息に、疲れが混じっていますよ。
「ため息が多い、ビタミンB2が足らないのでは」と疲れやため息の原因を教えてあげると価値が伝わりやすくなります。

◎ 鏡の向こうに、疲れたオヤジがいた。
鏡という客観的な視点を使ったいいアイデアです。冒頭に「昨夜、」とつけると、いつもと違う危機感を強調できて、動機付けを促します。

◎ 服だけ頑張ると若作りですが、肌まで頑張ったら若返りです。
「ですが」と「です」を削除したら、コピーが締まります。

○ 遠くで見てたときは、いい男だったのにな。
誰の言葉かわかりづらいですね。この場合「いい男」だとちょっとあいまい。本人視点だと「遠くからだと、若く見えるねと言われた」としたほうがいいです。

◎ きれいな肌も営業努力。
肌ケアに気付かせるというアイデアはいいですね。たとえば「肌の管理も、仕事のうち」といった、よりストレートな表現もアリです。

○ 「お疲れ様」と自分に言った。
「お疲れ様」は、同僚よりも自分に言いたい、と自分が一番疲れていることを強調したいですね。

◎ 気力だけでは無理な朝もある。
商品がない場合のデメリットからのアプローチですね。共感しやすい良い表現です。

○ 男も肌荒れは気になる。
もう少し肌荒れを気にさせたいところ。たとえば「女も気になる、男の肌荒れ」と女性の目を動機付けにもってくるとか。

○ 男の方がビタミン不足だと思う。
「ビタミン不足」の具体的なシーンを言ったほうが効果的です。たとえば「飲み会では、お金もビタミンもたくさん使う」とか。

○ できる男は疲れを見せない!
「なぜ、できる男は疲れを見せない？」と質問形で受け手に考えさせましょう。その答えを商品に連想させるように。

○ 気休めのビタミン剤ならいらない。
この商品は医薬品です。「サプリメントだと、気休めにしかならない」と差別化する手もあります。

○ できる男は、肌が違う。
肌がどう違うのかを、少し具体的に伝えましょう。たとえば肌がすべすべとか。

◎ 得意先での、俺のあだ名は「ブツブツくん」
「ブツブツくん」、いいですね。でも愚痴をぶつぶつ言う人とも取られるので、ザラザラくんとか、他の表現のほうがいいです。

◎ 合コンで25歳ですと言ったら、ギャグだと思われた。
トホホな感じがいいです。「です」を削除するとコピーが締まります。

コピーのコツがみるみるわかる。

実例! コピー添削講座

人気SNS『広告会議室』の有料コンテンツ、「コピー塾」（2006年7月～10月）の添削実例を見ていきましょう。これは若手コピーライターやコピーライター志望の方を対象にした上級コース（全10回）で、僕が講師を務めたとき、実際に添削したものです。全体のテーマは「動機づけ」。お客さんが思わず買いたくなる表現に特化して練習しました。
初心者が陥りやすい誤解など、良いコピーと、あと一歩のコピーの境界線がわかります。

〈評価 ◎＝良い、○＝まずまず、△＝あと一歩〉

今回のお題 01 ビタミン剤「チョコラBB」の男性向け広告コピー

△ **男はチョコラBBで化粧する。**
化粧はごまかすもの。商品の価値とは似て非なるもの。男は化粧でごまかせないから～という切り口のほうがいいです。

△ **2粒で24時間。**
24時間でどうなるの？が欲しいところ。たとえば、「合コンの24時間前に」とか。

△ **チョコラで「B」eautiful「B」oy**
BBにひっかけなくても、「40代、でもビューティフルボーイと呼ばれたい」と意外性を狙うのは?

△ **キレイな男とカッコイイ女へ、チョコラBB。**
男性向け広告なので「カッコイイ～」は不要。「男よ、キレイになりたいか」などストレートな表現のほうがいいよ。

△ **武士は食わねど、チョコラBB。**
アイデアは悪くありませんが「武士は食わねど～」というほどの価値が何か伝わりません。

○ **肌年齢60才、脳年齢80才、そんな俺27才。**
脳年齢はともかくほとんどが自分の肌年齢が何歳なのか実感できないのでは。たとえば「俺27歳、でも見た目37才、やばい」と危機感を共有させるほうがいいと思います。

△ **いくら時代が変わっても、男はつらいよ。**
どうつらいのか具体的に。たとえば「見た目も評価される時代、男はつらいよ」と共感させるとか。

○ **最近妻に言われる「あなたって死んだような寝顔ねっ!」これってあり?**
「これって～？」は不要です。くどくなります。「死んだような寝顔」は少し想像しにくいですね。ほかの言い方がほしいところ。

△ **サッカーも、野球も、人間も、リズムを生む守備がある。**
「リズムを生む守備」という比ゆが遠すぎるのでわかりづらいですね、それゆえスポーツに興味がない人はメッセージの意味がわからないのでは。

△ **ちょっと一服、チョコラ一服。**
嗜好品ではなく医薬品なので、一服は合わないなぁ。商品の理解がやや不足ですよ。

○ **肌荒れは女性だけの問題ではない。**
どう問題でないのかそこを表現しましょう。たとえば「肌荒れは、見た目を10歳老けさせる」とか。

○ **キレイな男はモテる。**
「キレイ」が顔の造作なのか何なのか具体的に。「女性だって、美肌な男が好きなのだ」のように。

○ **疲れた顔はイケてない。**
「疲れた顔」のデメリットをもっと具体的に。「疲れた顔のときは、10才は老けて見える」とか。

△ **最近は女らしい男がモテるらしい。**
商品を使うと女らしい男になるわけではありません。肌がきれいになるのは、女らしいとは少し違いますよ。

広告会議室
http://www.koukokukaigisitsu.com/
キャッチコピーを学んだり、競ったり、楽しんだりすることができる人気SNS。「コピー2.0」「コピー裁判所」などのコンテンツでは、自分の考えたコピーを投稿したり、品評したりして参加することができます。登録人数2,600人（2008年2月現在）。

149 発目

28才からの毛穴に。
（カネボウ化粧品）

極限までフォーカスしたような表現は強い。38才の女性は見ないが、28才前後の女性は気になって目を止めるだろう。一番見てもらいたい人（コアユーザー）の条件を、コピーに入れると効きはいいはず。ただし、健康食品や化粧品などのコピーの表現は、薬事法の確認が必要。健康食品で「60才からのひざに。」はダメ！

150 発目

1ドル送って、
イボ痔を治すか、
1ドルけちって、
イボ痔と暮らすか。
（不明）

名著『売る広告』（デビッド・オグルビー著）の中で、私が好きなキャッチコピーのひとつとして紹介。昔の通販広告（？）らしいコピー。アクションを起こすか(メリット)、それともノーアクションか（デメリット）を対比させる方法は、オーソドックスながら商品によっては効果的だ。

チコミ」というのはとても強い。規模や知名度がないから負けなんてない。先にレッテルを貼ることができると有利。

143 発目

日本生命は気になります。「1泊2日から」とか、「1日10,000円」とかの言葉に、あなたは安心してしまっていませんか?
（日本生命）

業界のトレンドに疑問を持たせる。ライバルの動向に物申す。そのことで自社の商品の強みや差別化を図る。それを商品を選びの重要な判断基準として気付かせるアプローチ。

144 発目

おいしいものを食べていると、それだけで忙しい彼のことを許せそうです。
（東京プリンスホテルパークタワー）

商品を手に入れることでもたらされる満足感を伝えることで、価値を示す。これも顧客の視点からの言葉だけに、見込み客はイメージしやすい。またこのようにストーリーを感じさせる表現だと人は興味を持ちやすい。

145 発目

カレシ。
カレシの元カノ。
カレシの元カノの元カレ。
カレシの元カノの元カレの元カノの。
元カレの元カノの元カレの…
（公共広告機構）

エイズ検査促進のCMのコピー。商品広告ではないので見込み客ではないが、伝えたい相手を動かす説得力のある表現。このようにぼんやりしたイメージを具体的に鮮明にさせる表現は、相手の想像力を手助けする。くっきり想像させると人は動きやすい。

146 発目

買ってから悩む人は、買うまえに悩まない人です。
（IBM）

買い物における真理、あるいは一見役に立ちそうな気付きを与えて、商品の必要性を説く。よく考えれば確たる根拠はないのだが、思わず納得してしまうから不思議。説得力のある法則を作るというアプローチ。（考えるのがちょっと大変）

147 発目

駅の階段でおじいちゃんに抜かれました。

牛乳に相談だ。
（中央酪農会議）

商品の必要性を、商品を手に入れないために被るリスクを示すことで伝える表現だが、ユーモアは忙しい人の目を止めるということで、デフォルメして伝えている。あまりデフォルメしすぎると、ウソ臭くなるので注意。

148 発目

30年ぶりの川の字を、予約します。
（ANA）

川の字とは一部屋で親子みんなで寝ることを意味する。つまり「久しぶりの家族旅行はいかがですか、超割を使うとお得ですよ」という使い方提案型のコピー。「思い出製造装置」という旅の価値を活かして、イメージを鮮明にするから伝わる力が強くなる。

「休日の疲れには、養命酒」とあっさり伝えられるより、クイズのように質問したほうが見込み客をつかまえやすい。質問されると、つい答えを考えてしまう習性が働くのだ。

136発目
アイドルのCMをやらない分金利を下げることにした
（イチロウ）

消費者金融のコピー。業界のトレンドに物申したり、比較したりして優れていることを強調する。昔「うちにないのはテレビCMだけです」という（あとは大手と同じ）広告を打った小さな会社があった。似たような戦術だ。

137発目
創業20周年。私たちは、レジで「驚き」を差し上げることにしました。
（ABC-MART）

レジにて店頭価格より全品20%オフというのが「驚き」の正体。言葉の言い換えで、意味を強調したり、次のコピーへ誘導させることができる。言葉にスパイスを加えると、コピーの伝わる力もアップする。

138発目
アメリカだけが、「世界」でしょうか？
（雑誌『クーリエジャポン』）

アメリカ中心でなく、世界中のニュースや特集がウリの雑誌。商品のコンセプトを逆説から語る。さらに受け手に問いかけるというアプローチ。「安全だけがクルマでしょうか」など応用しやすいね。

139発目
忙しい朝に、飲むフルーツ。朝のフルーツこれ一本
（カゴメ）

忙しい朝でも、フルーツが摂れるという問題（面倒だから摂らない）を簡単に解決することを強調する。どんな商品でも「不」を取り除き、「快」を提供する。それがどのようなレベルか、どのように達成できるか具体的に。

140発目
免許更新。新しい写真を撮る予定。きれいにならなくちゃ。
（グリコ乳業）

商品であるヨーグルトを食べるときれいになるというイメージを伝えたい。そのためにきれいになりたいと思うときはどんなことか、それを日常の中から抽出すると共感を得やすい。時には大げさに伝えてユーモアで目を留めさせることも大切。

141発目
コーヒーで始めよう。朝のポリフェノール。
（AGF）

ストレートにコーヒーの価値を、ポリフェノールという切り口で訴求。その切り口は従来なかったり、見過ごされてきたがトレンドになった新しい機能や働きである。だから商品を丸裸にすることは大切。

142発目
クチコミでもっている、派遣会社です。
（リクルートスタッフィング）

商品（この場合は会社）で自慢できる、トップになれる土俵を示すといい。見込み客に良いと思わせればいいのだ。この場合「ク

さらにこのコピーでは「潔い」という言葉がメッセージを強くしている。説得力が増すのだ。見込み客のためらいを吹き飛ばすくらいに。

129発目
「よく読んでください」って言われるんですけど、まず読めるようにしてください。
（東京海上日動）

顧客、見込み客の不満の声を挙げることで、その不満を解消することを期待させる。お客の気持ちになって語るというのは共感を誘いやすいから広告も読んでもらえる。

130発目
たるみ。年齢。ごま。
（サントリー）

これは健康食品のコピー。健康食品は、薬事法によって効果効能を言うことができない。したがってコピーに苦労する。この場合、たるみといった課題とごまという解決のキーワードを並べ、その関係性を匂わせるというのはひとつのアイデア。見込み客の想像力を利用するのだ。

131発目
ホッキョクグマを救うスイッチ
（衛星放送協会）

CO_2削減のための節電（電気スイッチ）を訴えるコピー。節電の目的を、ホッキョクグマを救うということに具体的にフォーカスしてくっきりさせる。時には問題を象徴化して表現したり、矮小化するのも表現では必要。「今日、あなたは、ホッキョクグマを苦しめた」というメッセージも同じタイプの表現。

132発目
ボロボロにしてほしいので、しっかりしたものをつくってきました。
（研究社）

辞書のコピーだが、辞書らしくない訴求ポイント。他が言っていないような特長を言うことで差別化も可能。他とは違う強みを見込み客へ早く刷り込んだほうが勝ち。

133発目
続々落札、お急ぎください。不動産オークションのマザーズオークションです。
（マザーズオークション）

本当かなと思っても、商品を必要（潜在的でも）としていると気になる「続々落札、お急ぎください」という言葉。「売れてます！残りわずかお急ぎください」や「限定○人、限定○個」や「次回入荷未定」とあると急に欲求が高まる。希少性の法則だね。

134発目
人、人、通路、人、人、通路、人、人。
（コンチネンタル航空）

見た瞬間???となり、軽く脳が混乱する。スッキリしたいので、理解しようとするのが人の心理。「人に挟まれることない、2-2-2配列のビジネスファーストクラス」とあるから、このコピーは機内の座席レイアウトを表したもの（2-2-2＝人、人、通路…ってことですね）。言ってみればイメージの強調なんだけど、ハイレベルな表現なのでいきなりは思いつかないかも。

135発目
平日の疲れには休日がある。では、休日の疲れには？
（養命酒）

ト代もラブホテルが稼いでくれる！」とサブキャッチ。ポイントは最後の「え、投資?!」。意外で驚いたという表現で注意を引く。「え、無料で乗れる?!」等よく使われる。

122発目

書類なら必ずシュレッダーにかける個人情報が、あなたのケータイのなかに入っているという事実。
（ＫＤＤＩ）

「～という事実」と結んで、事実（問題）を突き付ける型。商品が解決すべき困っている状況を語り、事実という言葉で締める。事実という言葉はなくてもいいが、あることで問題を強調することも。

123発目

お家のこと、あれこれ考えていたら、家族みんなのこと、考えていた。
（三井のリハウス）

モノを機能や仕様でなく、コトで表現している。家を選ぶとか買うとかいうことは、住むための器を求めているのではなく、たとえば家族の幸せの実現を求めているのである。その意味やイメージを強調して、商品の価値を伝える。

124発目

イチゴ毛穴にウンザリ
（ＤＨＣ）

商品が解決する問題の名称を「イチゴ毛穴」のようにオリジナル（？）で開発。短く表現できる、イメージしやすい、好奇心をわかせるなどに効果的。短い文字数が求められるネット広告では有効。たとえば「凹凸のはげしい毛穴」よりも4文字（！）も節約できる。

125発目

入社時の体型を保てる人のほうが異常だ。
（THE SUIT COMPANY）

ゆとりや快適な着心地を追求した30才以上向けのブランドとのこと。見込み客である体型が気になる30代をドキリとさせるより、引け目を感じさせたり、恥ずかしい思いをさせずにやさしく言うのがいい。気持ちよく買ってもらえる表現も大切。

126発目

男は夜、試される
（サントリー）

なんとなく想像がつくが、何が試されるのか気になる。ある年齢には気なる表現。どんな見込み客なので、どんな表現がいいのか気をつけよう。同じ商品でも30代と50代ではメッセージの内容も言葉も違ってくる。

127発目

カワイイ水着を買った。あとはどこで見せるかだ。
（楽天トラベル）

海やプールに行く楽しみをいろいろと抽出したのだろう。その中から、訴求したい対象を女性に絞り込むとこのようなメッセージになる。仮に一番の楽しみでなくても、ホンネを突けば伝わる力は強くなる。誰に何を言うか。その答えはいつも見込み客の中にある。

128発目

似合っていないね！と言われた服は潔く売ろう。
（YAHOO!オークション）

なぜ服を売るのか、そこから導かれる理由を探し出し、共感を呼びそうなことで表現。

選びのポイントに気付かせている。、実はそれが一番伝えたいことで商品の特長だと知ってもらいたいのだ。

116 発目

定年を迎える夫が、
私の日々に戻ってくる。
さて、どうするか。
（旭化成ホームズ）

ネガティブな事実を伝えて警告する。そのことによって商品の必要性を高める。見込み客の視点で語られるぶん、メッセージが見込み客と同じ立ち位置（売り込みの匂いがしない）になるため共感を得やすい。

117 発目

震災は来ると想定する。
（尾西食品）

非常用食料のメーカーの広告。確か阪神大震災のあった日のちょっと前に出された。あの震災に関する記憶がよみがえりやすいタイミングだから、よけいに必要性も高まる。さらに注意を促すことが必要性をさらに強調する。

118 発目

PCトラブルのたび、
ITに詳しい社員を探すなんて、
時間のムダじゃないか。
（デル）

商品を使わないことで被るデメリット（商品が解決できる問題）を語って、価値に気付かせるという表現が基本。それを具体的なありそうな状況で表現（見込み客の立場や第三者の立場から）すると共感も大きくなる。ニーズは日常の会話にあるかも。

119 発目

「言った!」「言ってない!」
「言った!」
「言ってない!」「言った!」
「言ってない!」
「言った!」「言ってない!」
「言った!」「言ってない!」

あ〜、
メモしときゃ
よかった。
（高橋書店）

手帳の高橋の広告。コピーを読ませるためにおもしろく表現。ただおもしろいのか、読ませるためのギミックとして機能しているのかでずいぶん効きも違う。ありがちな日常の断片を切り取って、商品の必要性に気付かせる表現だ。会話調の文章は思わず読んでしまう。そこにストーリーがあるから興味を引くのだ。

120 発目

人をよろこばせようと、
見えないところで
がんばっている。それが
部品の美学であるが、
たまには誰かに
ほめられたい。
（アルプス電気）

商品である部品を人のように語ることで、なんだかかわいげのある表現に。感情移入しやすくなるから、コミュニケーションの距離がぐんと短くなる。企業広告にありがちな、威張っていないところが良い。

121 発目

ラブホテル
休息、宿泊、
えっ？投資?!
（ホテルファンド・ドットコム）

これはラブホテルのファンド。「車代もデー対象）選びの妙。そのため商品のレベルの高さが際立つ。差がわからない差別化よりその商品が確かに良いことを伝えるのは大事だ。昔「エイビスはレンタカー業界で2位に過ぎません。それなのに使っていただきたい理由とは？」という正直なコピーがあった。

110発目

わたしたちは、まだ、
アフターサービスを
完全に必要としない製品を
つくることができません。
（パイオニア）

これは企業広告。アフターサービス（修理など）満足度2年連続1位という実績を伝えている。なぜアフターサービスに力を入れているか、その理由を述べている。逆説から語ることで、訴求したいことを強調するという表現のテクニック。加えて1位という事実をストレートに自慢せずに、ちょっと謙虚な感じで伝える点が好感度を高めるかも。人と同じで自慢ばっかりは嫌われる。

111発目

ただの野菜ジュースに
1杯240円も
払えるわけがない。
（野草酵素）

見込み客の視点（言葉）で商品の感想を語ることで（それも意外性を感じさせる表現で）、期待感を高める。健康食品のやずやがネット広告に「ただの○○だったらこれほど驚かなかった」というスタイルのコピーをよく使っている。同じアプローチだ。

112発目

メンテナンスは、性能である。
（三菱電機ビルテクノサービス）

これは商品の価値を意味づけして別の言葉でわかりやすく表現、その価値の高さを強調するのによく使われる。

113発目

介護には、お金が必要です。
でも、お金に、
介護はできません。
（ソニー生命）

介護保険のコピー。保険はやっぱり保障だよねという思い込みに、「でもお金だけで選んで本当にいいの？」と、商品選びの基準や商品の価値に目を向けさせている。同時にそれが他の商品との違いに気付かせる、つまり差別化できるのだ。

114発目

世界最遅のクルマ。
（ランドローバー）

ネガティブな言葉との組み合わせは興味を引かずにはいられない。先入観や非常識なものにはそれを確かめたいという好奇心が働く。「腐る化粧品」という大胆なコピーのCMを最近観た。防腐剤も使わず天然素材で作った（だから腐る）という優れた点をネガティブな印象の言葉に反転して好奇心を刺激している。

115発目

まず、野菜が健康であること。
だから、オーガニック。
（日清ファルマ）

「その健康食品は健康ですか」なんてコピーがあったが、これも原材料の野菜の品質は確かですか、そこで選んでいますかと商品

102発目

夏、男性がネクタイをはずせば、女性のひざ掛けがいらないオフィスになります。
（チーム・マイナス6%）

クールビズを女性への影響から語る。取り組みへの必要性の理由を具体的にイメージさせることで、動機づけを行う。

103発目

ポリフェノールは、クランベリーで。
（サッポロ飲料）

ポリフェノールというトレンド（当時）を利用して、商品を買う理由を提案する。ワインとポリフェノールのようにおなじみの商品でも訴求ポイントを変えるだけで新しい提案ができ、見込み客を集めることが可能。

104発目

地震や泥棒が存在する世界に、僕の愛する家族は住んでいる。
（トヨタホーム）

商品を必要とする状況を事実として具体的に伝える。意外に見込み客は言われないと気付かないものだ。

105発目

お母さん、JR東日本グループの派遣会社ってどう思う？
（JR東日本パーソナルサービス）

JRというブランド力による信頼性の訴求と、メッセージを伝えようとしている相手が、派遣会社に登録する人（この場合は娘）ではなく親である点がポイント。これも親から子への働きかけを促す間接的なアプローチ。

106発目

しあわせをまもる家。
（積水ハウス）

防災機能を備える住宅のコピー。機能や働きを言うのでなく、コンセプトを圧縮して短く表現。見込み客のメリットを強調させよう。

107発目

失敗。
（クラレ）

ネガティブな言葉は使うのに勇気がいるが、興味を引くし正直であるという印象も与える。また商品の品質管理や高邁な企業姿勢を表現する際にも、その厳しさや理想を強調するためにネガティブな言い方をする場合がある。かつてフォルクスワーゲンの広告にLEMON.（不良品）というコピーがあった。品質管理の厳しさを伝えているのだ。

108発目

職人の指先は、最高のミシンである。
（UNIVERSAL LANGUAGE）

言葉や意味を違う表現にすることで、わかりやすくしたり、強調することができる。人間の手は高性能のセンサーにも優るというが、この場合も高品質のものに見立てることで質の高さが強調されている。

109発目

コンサートホールで、勝負してみました。

872席対全1424席、惜敗です。
（ボーズ）

負けを認める誠実さと、負けた相手（比較

も必要。昔、飲食店が少ないエリアのビジネスマンのことを「ランチ難民」なんて言い方もあったね。

95発目

環境にいい家は、
環境のいい家になる。
（積水ハウス）

ん？ん？　どういうこと？　と軽い混乱を起こさせよう。理解しようと思って、ついじっくりコピーを読んでしまうから。

96発目

伸ばせる、しあわせ。
（ユナイテッド航空）

座席の足元のスペースが最高39％も広くなったとか。39％と言われてもわかりづらい。思い切り足を伸ばせると言ったほうがわかりやすい。得られる満足のイメージをくっきりさせよう。

97発目

女性の肌は、短編小説である。
（メナード）

肌のお手入れの時間を短編小説と言い換えて表現、ボディコピーを読みたくなるような、どこか人を煙に巻くような表現。この場合はセンスが問われるが、基本的には言い換え、置き換えは「わかりやすく言うと？」から始めよう。

98発目

郷に入りては、
お金も郷に従います。
（シティバンク）

外貨預金のサービス。現地でも米ドルが使えるサービス。ことわざや慣用句、四文字熟語を応用するというのもしばしば使われるアプローチ。語呂がなじみやすいから、印象に残りやすいことも。

99発目

使うたび、地球にいいこと。
（コスモ石油）

商品は入会金と給油などで支払う料金の一部が環境保全活動に役立てられるカード。機能や働きといった訴求内容をやさしくわかりやすく圧縮して伝える表現。誰にでもわかりやすく簡単に言うと、どう表現するかを考える。

100発目

私の心配を
してくれる人が
私は心配。

妻の内視鏡検査。
（オリンパス）

直接奥さんにでなく、夫に働きかける間接的なアプローチ。広告よりも身近な人からの働きかけのほうが説得力が強くなるときもある。

101発目

1万円より価値ある1万円。
（QUOカード）

思わず真相を知りたくなる表現。1万円というわかりやすい比較対象でメリットを強調している。1万円で10,180円のお買い物ができる！　でもいいが、思わせぶりな表現ということでは弱い。読ませる工夫を。

87 発目

愛される人だけに、
許された指輪。
（ティファニー）

キスされる女性の指に光るダイヤ、商品はエンゲージメントリング。ティファニーのようにパワーブランドであれば、写真のみでも成立するのだがこうして言葉で表すと、エンゲージメントリングの価値が鮮明になる。やはり言葉できちんと認識させるのは必要だ。

88 発目

お客様満足度No.1に、
私たちが満足してはいけない。
（富士ゼロックス）

メッセージとしてのお客様満足度No.1という事実は強い。加えて満足してはいけない、という心がけは殊勝。これは見込み客への約束でもあり、自らへの約束効果もあるのでは。社内で貼れば啓蒙のツールとして機能。

89 発目

ヒット商品が
生まれにくいのは、
オフィスの
せいかもしれませんよ。
（シービーリチャードエリス）

確たる証拠はないにしても、原因を示唆されると気になるものだ。そこから必要性に気付かせていく。

90 発目

英会話につまずく人は、
英会話スクールに選びに
つまずいている人だと思う。

失敗させない自信があります。
（ECC）

これも主観で確証はない。しかし、ありえることであれば無視できないのが人の心。まずは選択肢に入れてもらうことが大事だ。

91 発目

「うっかり落とした」では
済まなくなる。4月1日から。
（KDDI）

携帯電話のセキュリティサービス。商品を使わないことのデメリットのイメージにリアリティを持たせる。「セキュリティ対策が必要」という素っ気ない表現よりも気になる。

92 発目

カラーが必要になっても、
ムダにならないモノクロを。
（エプソン）

機能訴求ばかりが差別化ではない。カラー対応機を引き合いに出して、カラー対応機でもお役御免にならないモノクロ対応機というポジションを刷り込む。

93 発目

水を汲みに行く
5時間が消えた時、
学校に行く5時間が生まれた。
（フォスタープラン協会）

給水設備がない地域に、井戸を作るプロジェクト。井戸を作ることでもたらされるメリットはいくつかあるが、これもその中のひとつ。価値をわかりやすく伝えよう。

94 発目

ケータイ環境問題。
（NTTドコモ）

携帯電話の廃棄への取り組みについて。「わかりやすく短く言うと」「一言で言うと」、という問いは発想のアプローチとしていつ

80発目

きっといつか、が
今なんだ。

もう一度、楽器を持とう。
（ヤマハ音楽教室）

大人向けのレッスンのメッセージ。潜在的なニーズを押し上げ、「今なんだ」とウォンツに昇華させていく。さらに楽器を弾けるようになる自分をイメージさせる流れができれば動機付けも強まる。

81発目

おいしく､たくさん食べるなら
安心の｢国産若牛｣です。
ね､お母さん。
（日本食肉消費総合センター）

これまであまり知られていなかった国産ホルスタイン種の雄「国産若牛」のPR広告。「たくさん食べる」は価格がリーズナブル、「安心」は安全性や品質管理。伝える側からのメッセージをきちんと受け手の言葉に変換していくのも大事。「お母さん」と伝えたい人もはっきり。

82発目

肩・腰・関節がつらいのは、
湿気が多い梅雨のせいか、
小言の多い上司のせいか？
（トクホン）

ユーモアはコミュニケーションの壁を下げてくれる。忙しい人の目も止めてくれる。しかし笑いをとることにこだわるのは、コピーライティングにとって優先項目ではない。

83発目

踏み切りは、
大事な時間を遮断する。
（鉄道各社、関連団体）

この場合マイナスだけど、商品は光の当て方でいろんな価値が見えてくる。特徴や機能がどんな価値を生むのかきちんと分析しよう。

84発目

メジャーになる人は
代理人の一人くらい
いるもんです。
（インテリジェンス）

サービスは転職支援。それをスポーツエージェントのようにイメージ。コピーでいうところの「どう言うか」の部分は、言葉の置き換えや他のものへのたとえが多い。まずはそこから考えよう。もちろん「誰に」「何を言うか」がしっかりできているのが前提。

85発目

その倶楽部で、
一つパーティが開かれると、
千の噂が流れるという。
（東京ベイコート倶楽部）

富裕層向けのリゾートのようだ。商品を使うことで享受できるイメージを大げさに、あるいはドラマティックに言うアプローチ。さじ加減が難しいが、これらは見込み客のカテゴリーによって表現や言葉も変わる（特に富裕層）。

86発目

不動産だってやり直しはきく。
（アトリウム）

ちょうど安倍内閣の時期。再チャレンジなんて言葉がよく使われた。再生を「やり直し」と日常会話の言葉に置き換えると印象がやわらかに。

73 発目

犯人は社長です。
（ワイキューブ）

経営者向けのセミナー。会社の成長を妨害する原因は社長だとか。それを犯人と表すことで見た人をくぎ付けにする。大げさな強調も使い方では効果的。

74 発目

朝から全身がだるい、
きょうもすっきり
しないまま一日が始まる。
疲れているなんて、
もったいない。
（タケダ新アリナミンA）

ただ効能を伝えるのではなく、潜在的な悩みを出して、共感を得るよう仕向けたほうが、見込み客の感情を動かしやすい。

75 発目

重要な情報に、
簡単にたどり着けていませんか。
あなたも。あなた以外の人も。
（富士ゼロックス）

「オフィスのセキュリティは大丈夫ですか？」と言うより、「情報漏えい対策は万全ですか？」のほうが少しイメージしやすい。このコピーはさらにわかりやすく表現。ピントを合わすようにくっきりさせよう。

76 発目

愛も、特別金利も、
永遠ではありません。
（ソニー銀行）

特別金利が適用（期間限定）の申し込みを、「愛」を引き合いに出して表現。説得力よりも「愛」という言葉の魅力に頼ったか。

77 発目

いま話題のデジアナが
ゲルマ温浴中に
フラゲした脳トレゲームで
アハ体験していたと
ネトラジで聞いた。
近頃流行のこんな
ワードも、一発変換！
（ジャストシステム）

手の込んだ表現だが、これも働きをわかりやすく実証しているという点では、とても基本。アイデア勝ち。

78 発目

「なら、独身でいろ」。
（キューピッドクラブ）

不思議なもので「　　」で表される会話のコピーにはつい目が止まる。コメントや声を使った表現は、日常会話を思わせるぶん、コミュニケーションしやすい。しかもドキッとさせるような言い方ならばさらに強い。「この内容でこの値段なんて信じられない！」なんてコメント調のコピーをよくネット広告で見るが、これが狙い。

79 発目

「この集中力を10分だけでも
勉強に向けてくれたら……」と
思ったことのあるみなさんへ。
（ベネッセ）

TVゲームに熱中する子供のビジュアル。いやに具体的だが、呼び止めたい人がどんな人か、それを明確にすればそういう人は目を止めてくれる。

像力を助けよう。

65発目

電車で、
外国人に喋りかけられた。
聞こえないフリをした。
（共栄大学）

こういう誰もが経験しそうな恥ずかしい体験は、必要性のスイッチを押してくれる。だからリアリティがないとだめ。

66発目

東京生産。
（日本ヒューレットパッカード）

国産への信頼の強い日本だと、こういう差別化は効果的。そっけない表現で、先へと誘導する。

67発目

会社は、継がせたい。
不安は、継がせない。
（アクサ生命）

商品は経営者保険。だから経営者の視点で語ることで共感を得やすくする。営業マンであれ広告であれ、売り込み臭ぷんぷんのメッセージは避けられるのだ。

68発目

どんなに正しい予測でも
カタチにしなければ成果は
生まれません。
では、どうやってカタチに
するか。
（シティバンク）

真理を語りながら、最後にその解決策があることを示す。ちょっとしたダメ押しで見た人が離脱するのを防げるかも。

69発目

最近、他社のAQUOケータイ
にしたみなさん、ごめんなさい。
（ソフトバンク）

他社製品を買った人におわびをしているのでなく、これから買う人へ期待感を持たせたいのだ。ささいなことでも人は何かと優越感を感じたいもの。

70発目

年齢は、目もと、口もと
フェイスライン。
（再春館製薬）

商品はドモホルンリンクル。具体的な部位を示すことでズバリと問題を指摘。商品を使ったことによるメリットもくっきりするから必要性も高まるはず。

71発目

女の子の好きな事は
女の子が一番知っている。
（CD「JOYRIDE」）

女性向けの音楽CD。これも原理や真理といった、当たり前のことを言って納得させてしまうタイプ。そのままマネするわけにはいかないが、ある特定の対象向けの商品に使えそうなアプローチだ。

72発目

入れ歯には、クッション。
うすく伸びて
すき間にフィット。
（塩野義製薬）

商品は入れ歯安定剤。商品の働きがとてもわかりやすい。どう伝えるかより、何を伝えるかが大事。サブキャッチやボディコピーで、そのメリット（付け心地や使い心地がいいとか）を伝えればイメージは鮮明になる。

えたほうが、差別化がしやすい。

57 発目
イマドキの高校生が受験で悩むこと。
（日経進学Navi）

受験生を持つ親向けの情報サイト。親が興味を引かれ、ニーズを満たしてくれそうと期待を持つよう仕向ける。それにすべてのコピーを読んでもらえるようにというコピー。どう言えばスイッチが入るのか考えよう。

58 発目
サーバの性能は、会社の性能です。
（日本ヒューレットパッカード）

続けて「正しいサーバ選びしていますか？」。サーバの価値とは何かをうまく表現。単なる設備でなく会社の性能であることに目を向けさせる、気付きを促すアプローチ。

59 発目
え、更新料が必要な物件と社宅契約されているんですか？
（UR都市機構）

つまり、更新料が不要なことがUR賃貸住宅のウリなのだ。それを反転させて、こんな良い選択があるのに、間違った選択をしているのか？　と問うことで必要性を刺激する。

60 発目
私はカビですが、エアコンの中は極楽です。
（住友スリーエム）

エアコンのなかはカビだらけ、ということを、カビを擬人化して表現。商品を擬人化して語ると、親しみやすさが増すぶん、コミュニケーションは取りやすくなる。

61 発目
団塊は、資源です。
（宝島社）

ちょうど団塊世代の退職が始まった頃の企業広告。団塊を資源にたとえて表現、そのギャップに先を読まずにはいられない。うまい比ゆは、共通因子のあるものを探すところから発想を広げていくと見つかる。

62 発目
式場は、祝福してくれる人のことも考えて、選びませんか。
（メトロポリタンホテルズ）

式場選びのポイント（＝その商品の強み）を伝えて、選択肢に入れてもらう差別化戦略だ。

63 発目
温暖化は、冬のスーツの下でも進んでいました。
（グンゼ）

衣服内の温度、湿度を快適にコントロールする素材。冬でも暖房などによる衣服の中の汗ばむ状況を、温暖化と表現。タイムリーな言葉とその先を聞かないとわからないもどかしさがコピーを読ませる。

64 発目
パンクしても冷静なタイヤです。だから運転する人も冷静になれます。
（ブリヂストン）

「冷静」の使い方のうまさに目がいくが、「運転する人も冷静になれます」と続けることで、商品の価値がはっきりしてくる。機能からどんな価値が生まれるか、見る人の想

「うれしいニュース！」「驚きのニュース！」なんて応用も。

50発目

毎日使うものが安いと、毎日トクをします。
（アスクル）

日用品の期間限定値下げのコピーだが、日用品が安くなるということが、利用者にとってどういうことなのかを気付かせている。何の変哲もない表現のようであるけど、こういう小さなところへの気配りは大切。

51発目

5月1日は、夏休みのはじまりです。
（ANA）

意外性というか常識を覆すようなアプローチで、目を止まらせるには十分。よく見れば夏の旅割の発売日。夏休みという言葉を入れることで、買いたくなる理由に気付かせる。

52発目

「スタート前にキャディを選べれば」となげく社長さん。アウトソーシングも同じですよ。
（NIKKEI NET）

アウトソーシングの情報サイトの広告。経営者に見てほしいので、社長さんという言葉を入れる。ゴルフにたとえて必要性に気付かせようとしているのは、経営者が好むスポーツだからか。良いたとえでも、この場合、フットサルだったらピンとこない。

53発目

英語で仕事をしている人は多い。英語で仕事を成功に導ける人は少ない。
（ベルリッツ）

単なる英会話のプログラムとどこが違うか。違いをわかりやすくするため、「成功」という強い言葉で比較。成功という言葉にはニーズを喚起する力がある。

54発目

トラックの燃費をよくしてCO2削減を目指す。それはタイヤの仕事でもあります。
（ブリヂストン）

高い省燃費という性能がどのような価値をもたらすのか、商品の働きから説明してわかりやすく伝えている。性能とそのメリットをきちんと結びつけておくことは大事。

55発目

家は、窓から。
（スウェーデンハウス）

なぜ？　と思わせた時点で勝ち。住まいづくりを考えている人は気になる。窓にこだわる住宅メーカーというユニークなポジションを知覚させるには、窓も重要なのかと見込み客の脳裏に刻みつけること。

56発目

あなたが飲みたいのは米の入った芋焼酎ですか。100%芋焼酎ですか。
（芋焼酎一刻者）

この事実（商品の優れた点）はご存知ですかというアプローチ。それ自体だけで伝えるよりも、比較対象できるものと一緒に伝客を有利な自分の土俵に連れてくるという発想。

43発目

忙しい。だからできない。
それがスポーツです。
忙しい。でもできる。
それが「EMS」です。
（トレリート）

EMSとは筋肉を鍛えるシステム。これも共感を得やすい表現で問題を挙げ、その解決策を提示するという基本的なアプローチ。

44発目

2006年夏
キュウリビズ導入。
（JA福島）

キュウリをPRする広告。流行語（この場合はクールビズ）からアイデアをいただく表現というのは、印象に残りやすい。こういう方法も覚えておきましょう。今の世、おもしろいとあっという間にネットで広がるが、鮮度は短い。まだ使えるかどうか、使うタイミングをよく考えて。

45発目

野菜づくりは
相談相手がいると安心です。
（永田農法DVD）

ウェブサイト「ほぼ日刊イトイ新聞」上で見つけたコピー。「相談相手」というのは、特典の質問チケットのこと。質問チケットの価値とはどういうことか。それを相談相手という言葉で言い換えることでわかりやすくなる。人はイメージしにくいものは敬遠するもの。イメージしやすさを心がけて。

46発目

父の苦労は見えにくい。
（ロフト）

「父の日」のメッセージ。「言われてみればそうだよね」という普遍的なことを言ってみる。これもまた共感のツボを突く。

47発目

出先のピンチに、
うれしい「水なし」。
（ライオン）

水なしで飲める下痢止め薬。商品の機能がいつ、どこ、あるいはどんな状況で発揮できるか表現することで、価値を伝える。水なしで飲めるから良い、というだけでは響かない。どう言えば見込み客はピンとくるのか、そこから考えよう。

48発目

父よ、働く服で遊ぶな。
（西武百貨店）

セールの広告。「お父さん、オフの時はもっとおしゃれを」「バーゲンなのでこの機会にぜひ！」なんて売り込まれても敬遠されるだけ。このように子供からのメッセージとして伝えると父親も子供からのアドバイスということで気になる。これもユーザー視点での巧みな語りかけ。

49発目

いいニュース。
（万有製薬）

AGA（脱毛）治療の広告。常に人は「新しい何か」に期待しているものだから、「ニュース」「新しい」という言葉は興味を引くのに十分。CMやダイレクトマーケティングでもよく使われる古典的な表現。

こで〜」と解決策で締める表現。これもその型。

36 発目

少なくとも、
夫としての株は上がった。
株主優待などに。
（おこめ券）

「株主優待におこめ券を」でもいいかもしれないが、そこでのメリットをくっきりさせることで必要性を高めよう。この場合、そこを株主の視点で表現。別に無理に笑いやギャグに持っていかなくてもいいが。

37 発目

家を買う。
をギャンブルにしない。
（ホームプラザ）

不動産の情報サイト。潜在的にある不安をすくい上げるような表現は共感を得やすいから目に止まりやすい。誰でも買い物（ましては一生に一度の買い物）に失敗したくないという心理を突く。

38 発目

コスト削減の時代は、
もう終わりました。
さあ、次のビジネスを
はじめましょう。
（IBM）

「次のビジネスって何だ」と思わせる表現、経営者は気になる。「新しい」とか「次」などの言葉は、使い方次第で気にせずにはいられない。人は誰しも将来や次のトレンドが気になるのだ。

39 発目

ずーっとお洋服もおそろいでした。
ずーっとオモチャもおそろいでした。
でも、そろそろ思春期なので
アドレスは別々にしたいんです。
お父さん。
（So-net）

見込み客の代弁というアプローチ。売りたい側と買いたい側の認識には、いつも認識のズレやギャップがある。ユーザー視点を大切に。

40 発目

話したい時に限って
出てこないのが英会話！
そのイライラ、ペラペラに
変えてみませんか。
（イーオン）

誰しも経験がありそうなことは、共感を得やすい。不満や不便なケースを探し、共感をフックにその解決策を示して、必要性や欲求を高めていこう。

41 発目

満員でも、新聞バーンと
お広げください。
（コンチネンタル航空）

広々とした座席のイメージを具体的にわかりやすく強調して表現。といってもいざ考えると意外に難しいかも。やはり商品を分析しないと。

42 発目

条件が合う会社でなく、
フィットする会社を見つけよう。
（リクルートエージェント）

会社を「相手」に変えると結婚紹介所のコピーにも使える。会社選びのアドバイスを言うことで気付きを示し（＝商品の特徴を示す）、興味や期待感を抱かせる。見込みいて、アドバイス的なメッセージで動機付け。「誰に」「何を」はコピーの基本。フォーカスすればするほど訴求力は強くなる。

29発目

あなた、物知りなのね。
旅先で妻に褒められた。
（雑誌『ひととき』）

買いたくなるように動機付けるメッセージ。「こうなったらいいな、うれしいな」というメリットや満足感のイメージを、わかりやすく伝えよう。いくつになっても男性には女性に認められたいという子どもみたいなところがある。男性向け商品のアプローチとして使えるかも。

30発目

たとえば、背もたれのある
トイレはどうだろう。
（ちょっとソファ気分）
（TOTOシステムトイレ）

（　　）の使い方が目を引く。（　　）の中の言葉は、商品の価値を具体的に想像させるものだ。背もたれのあるトイレの使い心地を、ソファ気分というのはイメージしやすくわかりやすい。見込み客の想像をフォローしている。（　　）を使うと、ホンネのような印象を受けてしまう。

31発目

妻に先に買われたら、
父として一生の不覚である。
（雑誌『小学1年生』）

一生の不覚という大げさな表現が興味をそそる。そんなに大事なことかと。見方を変えると、家庭における父親の位置付けの手法を提案しているように思えた。お父さんへの子供に好かれるためのアドバイス。他の子供向け商品でも応用ができそう。

32発目

女性が伸ばす日本経済に、
投資する。
（日興コーディアル証券）

ウーマノミクスファンドという商品を簡単にわかりやすく言っている。コピーを考えるとき「この商品の良さを簡単にわかりやすく言うと」「手短に言うと」「要するに言うと」と脳みそに質問するクセをつけましょう。

33発目

毎月､アメリカから家賃収入。
なんとなくセレブでしょ。
（りそなグループ）

アメリカより家賃収入がどのような満足をもたらすか。それをセレブで表現。イメージがわかりやすいのは良いが、今となってはセレブという言葉が濫用されすぎて鮮度に難がある。そのあたりの言葉選びや、イメージさせたい姿はよく考えるように。

34発目

建ててしまった人は、
読まないでください。
ショックを受けますから。
（書籍『いい家が欲しい。』）

見ないでください、読まないでくださいとはよく使われる手法。自分に関係のあることならつい気になるよねぇ。

35発目

所有している不動産。
泣く泣く手放すより、
笑って手放したい。
（三菱地所）

「こうなったらうれしいな」とお客さんのホンネを代弁してあげる。最後に「そこで三菱地所の～」と商品名を入れるとしっくりくる。最初に不満、不安、願望が来て、「そオフィスを子供服で語るセンス、わかりやすくていいですね。説得力のある例えができないものか考えてみよう。サッカー日本代表前監督のオシムさんの語録みたいに。

22発目

どうする！地球温暖化
貨物鉄道が、あるじゃないか。
（JR貨物グループ）

最初はなんて大げさな！と笑ってしまったが、鉄道輸送はトラックより、CO2の排出量が1/8なんだそうだ。有利な点や、選ばれる理由をいかに抽出するか。自分の強みが発揮できるポイントを探そう。「どうする！～、～があるじゃないか」って応用できそう。

23発目

100の試練を乗り越えて、
お客様のお手元に届きます。
（レノボ）

ポイントは数字で具体的に。品質管理のレベルを「100の試練」と表現することで、より具体的に厳しさが伝わる。

24発目

テスト、テスト、そしてテスト。
（三菱ふそうトラックバス）

こちらも厳しい品質管理を訴求。数字を使わず言葉で、規模やレベルのイメージを明確に。

25発目

おとこはすぐにやりたがる。
（ケイコとマナブ）

セックスを思わせる表現にはやはり思わず反応してしまう。でも商品にふさわしいかどうかはよく考えて使いたい。

26発目

SAPを使っている企業は、
他社より32%も
笑顔が多いという
調査結果が出ています
（SAPジャパン）

昔から数字の入った広告は信用されやすいと言われている。SAPを導入した企業は、導入していない企業より32%も収益率が高いとか。その理由を知りたくて先を読むが、SAPの導入と高収益率の因果関係が証明されているわけではない。それなのに、SAPの効果と思ってしまう。そんな巧みさがある。

27発目

社内で見つめられると、
ドキドキする。
肌あれが気になって。
（タケダハイシー Bメイト2）

最後に「そこで○○（商品名）」が合うコピー。女心におけるインサイト（心を動かすスイッチ）を突く。共感を得やすい表現で動機付け、基本的なアプローチだがシーンやホンネをどう出すかがポイント。違う商品で「満員電車でお肌がアップになるのが気になります」というのもあるが、日常を振り返りながら探したり、ユーザーアンケートや顧客インタビューを行ったり商品を自分で試して探ってみよう。

28発目

流行りの歌もいいけれど、
娘の好きな歌くらい
ちゃんと歌えなくちゃね。
（ヤマハ音楽教室）

このキャッチコピーを受けて、「ねぇ、お父さん～」とボディコピーは始まる。ふだん子供とのコミュニケーションが少なくて気になっているお父さんには、ズキンとくるはず。そんなお父さんの心理をうまく突に言うのか、明確にね。この場合は社長さんに言っている。「子供を守れる学校か」、なんてセキュリティ商品などへも応用もできたりして。

15発目

トンネルを23個抜けて
たどりつく蒸留所から。
（米焼酎しろ）

そんなにトンネルを抜ける価値とは、と気になる。商品にまつわるエピソードをコピーや商品名に使うというテクニックだ。差別化しやすいし、ユニークな内容であったら試したいという気にもなるし、口コミにも乗りやすいんじゃないかな。

16発目

陥没乳首。保険適応。大阪。
（つかはらクリニック）

リスティング広告のコピー。見込み客が使いそうな検索キーワードの羅列。言いたいことより、見込み客が知りたいことを言うのがポイント。

17発目

この本に二時間ください。
お父さん、お母さん、そして先生。
いじめを解決するために。
（書籍『教室の悪魔』）

読んでくれと言わずに、「時間をください」とは巧みな言い方。「ちょっといいですか？1分間だけ」なんてキャッチセールスのトークを思わせる。ファーストコンタクトはまず目を止めてもらうことに集中。さらに「誰に」を明確にし、問題解決を提案。

18発目

10年先が楽しみなもの、
あなたの人生にありますか。
（マネックス証券）

「これから先」よりも「10年先」と具体的に言うほうが、想像しやすい。目標をちらつかせて、人を行動へと促す。人はみな多忙で、情報の洪水に飲み込まれているからなんとかして気付かせないと。

19発目

やっぱり、1対1で人と話すと、
幸せ感ってあると思います。
たとえそれがレッスンでも。
（GABA）

割高と言われる英会話マンツーマンレッスンについて、その価値をいろんな面から伝え続けている。割高かもしれないけれど、それ以上の価値があることに納得してもらえれば、ディスカウント合戦に巻き込まれないし、一貫していくことでポジショニングにも有利に。価値>価格ということを伝えれば割高でも人は選ぶ可能性は高い。

20発目

選ばれて光栄です。
あなたに選ばれたら
もっと光栄です。
（シトロエン）

「RJCカーオブザイヤー import」を受賞。その自慢だけならありがちだが、見込み客を意識してちゃんと「あなたに～」と添えるところに好感。

21発目

伸び盛りの企業には、
ひと回り大きなオフィスを
選びたい。
子供服と同じ発想ですね。
（シービーリチャードエリス）

7発目

**人より
先の先を読むのが
いい結果に
つながるんだよね。**
（ファンド、りそなBRICSプラス）

先の先とは成長著しいBRICSへの投資。ストレートにブラジルやロシアとか、BRICSへ投資しましょうというより、「先手必勝」の法則のように言われると説得力が増す。

8発目

**「お客様とどう接するか」
だけでなく、
「個人情報とどう接するか」も、
大切なおもてなしの
ひとつになっている。**
（富士ゼロックス）

おもてなしは接客だけでなく、情報管理もきちんとしてこそ、と新しい価値を示すことで必要性を高める。理にかなったものであれば、説得力も出る。

9発目

キミのパパでよかった。
（クラリーノ）

ランドセルを背負った子供のビジュアルにこのコピー。普遍的な親の気持ちを表したど真ん中なアプローチだけに、父親の言葉で語るとぐんと共感しやすくなる。これは父親を対象にしたメッセージ。「誰に」が明確だと訴求力も強くなる（というか基本）。

10発目

**娘のアルバムが、
写真集になっていく。**
（キヤノンのEOS）

商品を手に入れることで、どのようなメリットを享受できるのか。そのイメージを具体的にくっきり表現してみよう。それが動機付けになる。ユーザー視点で、具体的なストーリーで語っていく（楽しみ方の提案でもある）と、見込み客である親は自分と同化して商品を手に入れたくなるのでは。この場合、親は特に。

11発目

**洋服をほめられるより、
ハダをほめられる方が
うれしい。**
（キレイに大豆）

ホンネ、あるいは真理を語って動機付けを行う。これも共感を得やすいね。

12発目

**力が試されるのは、
まっすぐな道だけでない。**
（BMW7シリーズ）

ドライビング性能は、まっすぐな道だけで判断しないでね、コーナーでの力も見てね、と他が訴求していないポイントを挙げ、商品の優れた働きに気付かせる。そうすることで差別化を図る。

13発目

**40代以上のみなさん、
低下した燃やす力を、
もう一度高めませんか？**
（カプシエイトナチュラ）

「40代〜」と買ってもらいたい対象をハッキリさせると、目を止めてもらえる。幅広い層向けの商品でも、対象をハッキリすると戦術もメッセージも変わる。

14発目

社員を守れる社長か。
（尾西食品）

非常食を会社にも、というメッセージ。誰

コピーのアイデアに困ったとき

お手本にしたいコピー150連発！

お客さんが思わず反応してしまうコピーを、実際の広告から選んだ。
応用しやすい表現を選んでポイントを解説しているので参考にどうぞ！

1発目

すぐエスカレーターに乗ってしまう。自分に甘いあなたですか。
（ファイザー）

「〜ですか」という質問形式は、見る人の目を止めさせる。「はい、まさに私のことです」というような、ありがちな共感を得やすい呼びかけは強い。

2発目

いつからか、化粧時間がシミ隠し時間になっている。
（システィナC）

「それってありがち」「わかるわかる」という共感のツボを突く、いわゆる効きのよいコピーの型。日常の断片を切り取ってみよう。シリーズ広告らしく、他には「ニキビは気になるのに、シミは見慣れていたかもしれない」「過去は消えない、日に焼けた過去も消えない」。

3発目

完璧な人はいないが、自分にとって完璧な人はいるものだ。
（サンマリエ）

「人」を「会社」に変えると採用関連の、「人」を「住まい」に変えると不動産関連のメッセージになる。原理原則、真理を語るという方法だ。これも共感を得やすい。

4発目

足の冷えには膝掛けがある。では、指先の冷えには？
（養命酒）

比較を行って、わかりやすく必要性に気付かせる。また「？」というクイズのような問いかけのアプローチに、人は思わず考えてしまう。

5発目

夫にそばにいて欲しいときもあります。でも正直、どこかに収納したいときもある。
（旭化成ホームズ）

商品は団塊世代へ向けた住宅。夫が退職した後について悩む、妻のホンネ。よくある悩みごとも興味を引き付けやすい。ユーモアのある表現は注目されやすいが、クレームでオンエアや掲載が中止になることも。不快な思いを与えないかどうかよく考えて。

6発目

安さだけでは、アスクルとはいえません。
（アスクル）

もし「アスクルは安い」というイメージで認識されると、価格競争に巻き込まれてしまう。質もいいんだよと普段から言わないと見込み客は憶えてくれないもの。情報過多な世の中だから、他に埋もれないような差別化のアプローチは必要。

第3章

コピーライティングに使えるアイデアのタネ

アイデアとは
既存の要素の新しい組み合わせ以外の
何ものでもないということである。
（ジェームズ・W・ヤング著『アイデアのつくり方』）

～いろんなコピーをたくさん見ることで、アイデアの引き出しをいっぱいに！～

参考文献

『市場の壁を打ち破るプロ広告作法』
ユージン・M・シュワルツ著　井上道三　松岡茂雄共訳
㈱誠文堂新光社　１９６７年

『「売る」広告』
デビッド・オグルビー著　松岡茂雄訳
㈱誠文堂新光社　１９８５年

『ある広告人の告白「新版」』
デビッド・オグルヴィ著　山内あゆ子訳
㈲海と月社　２００６年

『信念のダイレクトマーケティング』
深山一郎著　小林正利編
㈱シーンラボ　２００６年

『売れるもマーケ当たるもマーケ
マーケティング22の法則』
アル・ライズ、ジャック・トラウト著　新井喜美夫訳
㈱東急エージェンシー出版部　１９９４年

『広告マーケティング21の法則』
クロード・C・ホプキンス著　伊藤美奈子訳
臼井茂之・小片啓輔監修
㈱翔泳社　２００６年

『シュガーマンのマーケティング30の法則』
ジョセフ・シュガーマン著　石原薫訳　佐藤昌弘監訳
フォレスト出版㈱　２００６年

『実践的ゲリラマーケティング』
ジェイ・C・レビンソン著　竹村健一監訳
㈱東急エージェンシー出版部　１９９８年

『影響力の武器　なぜ人は動かされるのか』
ロバート・B・チャルディーニ著　社会行動研究会訳
㈱誠信書房　１９９１年

『アイデアのつくり方』
ジェームズ・W・ヤング著　今井茂雄訳
㈱ティービーエス・ブリタニカ　１９８８年

『深層心理で売る技術』
内藤誼人著
ＰＨＰエディターズグループ　２００４年

『ほぼ日刊イトイ新聞の本（文庫版）』
糸井重里著
㈱講談社　２００４年

『コピーのぜんぶ　仲畑貴志全コピー集』
仲畑貴志著
㈱宣伝会議　２００２年

本書内容に関するお問い合わせについて

このたびは翔泳社の書籍をお買い上げいただき、誠にありがとうございます。弊社では、読者の皆様からのお問い合わせに適切に対応させていただくため、以下のガイドラインへのご協力をお願い致しております。下記項目をお読みいただき、手順に従ってお問い合わせください。

●ご質問される前に

弊社Webサイトの「正誤表」や「出版物Q&A」をご確認ください。これまでに判明した正誤や追加情報、過去のお問い合わせへの回答（FAQ）、的確なお問い合わせ方法などが掲載されています。

正誤表 http://www.seshop.com/book/errata/
出版物 Q&A http://www.seshop.com/book/qa/

●ご質問方法

弊社Webサイトの書籍専用質問フォーム（http://www.seshop.com/book/qa/）をご利用ください（お電話や電子メールによるお問い合わせについては、原則としてお受けしておりません）。

※質問専用シートのお取り寄せについて
Webサイトにアクセスする手段をお持ちでない方は、ご氏名、ご送付先（ご住所／郵便番号／電話番号またはFAX番号／電子メールアドレス）および「質問専用シート送付希望」と明記のうえ、電子メール（qaform@shoeisha.com）、FAX、郵便（80円切手をご同封願います）のいずれかにて"編集部読者サポート係"までお申し込みください。お申し込みの手段によって、折り返し質問シートをお送りいたします。シートに必要事項を漏れなく記入し、"編集部読者サポート係"までFAXまたは郵便にてご返送ください。

●回答について

回答は、ご質問いただいた手段によってご返事申し上げます。ご質問の内容によっては、回答に数日ないしはそれ以上の期間を要する場合があります。

●ご質問に際してのご注意

本書の対象を越えるもの、記述個所を特定されないもの、また読者固有の環境に起因するご質問等にはお答えできませんので、あらかじめご了承ください。

●郵便物送付先およびFAX番号

送付先住所 〒160-0006　東京都新宿区舟町5
FAX番号 03-5362-3818
宛先 （株）翔泳社 編集部読者サポート係

※本書に記載されたURL等は予告なく変更される場合があります。
※本書の出版にあたっては正確な記述につとめましたが、著者や出版社などのいずれも、本書の内容に対してなんらかの保証をするものではなく、内容やサンプルに基づくいかなる運用結果に関してもいっさいの責任を負いません。
※本書に記載されている会社名、製品名はそれぞれ各社の商標および登録商標です。

著者プロフィール

有田憲史（ありた・けんじ）　もっと売れるコトバとアイデアを考える者＝コピーライター（キャリア21年）。めざしたいのはヒトもココロも動くコピー。主な仕事は広告や販促ツール、WEBサイト、IRツール、ダイレクトマーケティングの企画やコピー。時々マーケティングプランナーも。その他好奇心のおもむくままにさまざまな仕事もこなしており、ネット通信講座のコピーライティングの講師、マーケティングコンサルタントやゴーストライターの経験も。これまで担当した業界は電機メーカー、IT、不動産、自動車メーカー、健康食品、流通、食品など。連載ブログ「コピーライターが思わず！となったコピー」は現在毎月5万以上のアクセス。累計100万アクセスを突破。1963年、福岡県生まれ。

MAIL：ariken.utd@gmail.com

URL：http://ameblo.jp/lovelycopy/

装丁　河南祐介

DTP制作　オーク・デジタル・イメージ株式会社

編集　本田麻湖

「売る」コピー　39の型

2008年4月16日　初版第1刷発行

著者　有田憲史

発行人　佐々木 幹夫

発行所　株式会社翔泳社（http://www.shoeisha.co.jp）

印刷・製本　大日本印刷株式会社

ISBN978-4-7981-1669-3

Printed in Japan